ちくま新書

夫婦別姓

——家族と多様性の各国事情

栗田路子 Kurita Michiko／冨久岡ナヲ Fukuoka Nao／プラド夏樹 Prado Natsuki／
田口理穂 Taguchi Riho／片瀬ケイ Katase Kei／斎藤淳子 Saito Junko／伊東順子 Ito Junko

1613

夫婦別姓——家族と多様性の各国事情【目次】

第7章　韓国　戸籍制度を破棄した、絶対的夫婦別姓の国　伊東順子　229

プロローグ

栗田路子

30年越しの議論

筆者が結婚を意識する年ごろになった80年代後半——夫婦別姓の議論が俄《にわ》かにもち上がり、そういう時代がやってくると胸をときめかせたものだった。学者たちが法制審議会で何年もかけて議論し、1996年に選択的夫婦別氏制度を中核とする民法の一部改正について見解が出されたにもかかわらず、国会にかけられることはなかった。議員立法での法案は、何度も提出されたが、その度に強硬な反対派によって阻まれ、審議もされないまま、廃案・再提出を繰り返し、立法府での議論は一向に進まなかった。

日本は、近代に入って作られた民法（明治31年、1898年）の家父長制に縛られ、戦後の昭和22年（1947年）の民法改正で家制度を廃止したにもかかわらず、「伝統」の名の下で夫婦同氏制度が今日までその痕跡を残してしまっている。私たちが、日本の伝統と思い込みがちなこの夫婦同氏制度は、本当に日本独特のもので、伝統と呼ぶほど古く、そして、どんな時代でも堅持すべきものなのだろうか。
社会学者の上野千鶴子氏は、著書『近代家族の成立と終焉《しゅうえん》』の中で、夫婦同姓が日本古来の伝統だという考えそのものがオカシイと指摘する。曰く「別姓夫婦なんて、大昔から日本にも世界各地にもいた。なぜ今ごろ夫婦別姓を問題にしなければならないのか、その方が不思議である。日本ではいつから夫婦別姓でなくなったのか、そう問題を裏返してみる方が正しい問いの立て方だろう」（傍点原文）

多くのカップルが、「きっといつかは夫婦別姓も可能になる」と淡い期待を抱いた。筆者の周りでも、結婚せずに別姓のまま事実婚したり、とりあえず仕方なく同姓結婚してみたものの納得できずにペーパー離婚して元の姓に戻したり、やむなく同姓結婚しておいて、後で法律が変わったらそれぞれの姓に戻す計画で待機したり、あるいは、不便な通称使用で凌《しの》いでいたりする人が山ほどいる。しかし、とにかく夫婦別姓を法制化する話は、この四半世紀、全く進展しなかったのだ。25年といえば、一人の人生として考えると、家族を育んでいく大事な期間に相当する。この間、何もしないで過ごしてきた政治家や官僚の不作為は追及されもしないのかと嘆きたくなる。

日本で求められているのは、選択的別姓なのだから、同姓にしたい人は同姓にすればよいだけだ。困っている人々を見捨て、その自由を束縛する民法や戸籍法が、民主主義、人権擁護《ようご》、法の支配をうたうこの国で、いつまでも合憲と判断され続けるはずはあるまい。

だが、政府与党の中には、少数ながら岩盤のような反対派がいる。社会の声にある程度共感しても、票の行方に敏感な慎重派も多い。2020年暮れに閣議決定された「第5次男女共同参画基本計画」は、今後5年間の政府の計画を示すものだが、「選択的夫婦別氏制度」の文言すら削除され、「必要な対応を進める」という表現は、「検討を続ける」と一歩も二歩も後退してしまった。一抹の希望は、今年3月、自民党内にも100人を超える「選択的夫婦別氏制度を早期に実現する議員連盟」が設立され、国会内にも推進派が現れ始めているように見受けられることだろうか。今後の政局を見通しても、順風満帆とは言えそうにない。

†立て続けの最高裁「合憲」判断

立法事実となる不都合や問題点が明らかにされてきたのに、国会が法制化のための審議にすら入らないので、業を煮やした何組かのカップルが、2011年以降、法廷に訴えた。だが、長い議論の末に2015年最高裁大法廷は、10対5で現在の状況は「合憲」との判断を下した。論点の組み立てを再考して、2018年に、改めて第2次訴訟がスタート。その間、社会ではさかんな議論が繰り返され、世論調査でも、6割以上が選択的夫婦別姓に賛成するようになって、市民感覚では「時が熟した感」があるのは筆者だけではあるまい。法務省も認めるように、今日、夫婦同氏を法律で強制するのは日本だけ。ジェンダーギャップ指数で156カ国中120位（世界経済フォーラム、2021年）の日本は、国連の女性差別撤廃委員会からも、2003年以来、再三にわたり是正勧告を受けている。

仕切りなおして挑んだ第2次訴訟であったにもかかわらず、2021年6月23日、最高裁では2015年の判断を基本的に踏襲し、11対4で合憲とした。11人もの裁判官たちの判断の要旨はこうだ。アイデンティティの喪失感や社会生活上の不利益を被るという気持ちはわからないでもないが、どちらの姓を取るかは婚姻の「パッケージ」の一つとして夫婦間で合意すればよいことなのだから、同姓を回避するために婚姻を断念したり、不本意な事実婚を選択するとしても、憲法違反ではない。そして、法律の問題なのだから、国会で決めればよいと、またもやさじを投げてしまった形だ。原告は、25年を経過しても、国会が動かないからこそ、仕方なく司法の場に訴えたのだ。「人権」に関わる問題だからこそ、多数決の国会ではなく、裁判で判断すべきだ、と主張してきたのに。

最高裁は、国民の意識の変化は客観的にみてまだ明らかとはいえないと判断した。どれほどエンパシー（違う立場の人々に思いを馳せて行動できる力）が欠如しているのだろう。いったいどこの社会や国民を見ているのだろうと感じてしまう。この20年あまり、法曹界の重鎮が気づかないうちに社会は相当に変化している。働く女性、特に結婚後も働き続ける女性は著しく増えた。外国人との結婚や外国での結婚もちっとも珍しいことではなくなっている。外国人との結婚では、届けを出すのが日本でも外国であっても別姓夫婦となることは一般的に知られ始めた。人生（平均寿命）が長くなったこともあり、離婚・再婚・再々婚などは珍しいことではなくなった。姓が同一でない家族は、現実的に増えている。国民の意識は充分に変化しているのではないだろうか。

弁護士たちも、原告たちも、希望を持つ。「法理論的に必ず勝てる」「自民党の中でさえ、推進派の動きが出てきている」と。

†「夫婦別姓」の各国事情を俯瞰する——本書の企画

夫婦同氏強制による「不便や困難」「アイデンティティの喪失」「カップル間の不平等」「婚姻の自由の侵害」などについては、国会や法廷で立法事実や違憲議論として現実に起きている困窮状況を論理的に説明し尽くしている。一方、岩盤反対派の理由はいつも、「家族の絆《きずな》」「社会秩序」「子どもが不幸」など、仮定に基づく感情論ばかりだ。現実社会を見渡せば、世界でも、日本でも別姓家族だらけになっているのだから、世界中で社会秩序が乱れ、子どもは不幸なのだろうか。こうした事実を目の当たりにして、日本の国民、特に明日を担う世代の意識は加速度的に変化し、法律や制度が適応せざるをえなくなる日は近いうちに必ず来ることになるのだろう。それを後押しするのは、書いて発信することを生業とする私たちの務めではないか、これが本書の企画意図だ。

今回、この本の執筆に賛同したのは、それぞれの国に長く住み、日本社会の外で結婚し、子どもを持ち、育ててきた日本人のライターやジャーナリストだ。私たちは、政治や法律の専門家ではない。環境、医療、人権などそれぞれの得意分野で取材し、日本に向けて発信してきた。それぞれの国での生活者として、結婚や離婚、出産や養子縁組、勉強や子育て、親戚や友人との付き合いを通して、その時々で立ち止まり、調べ、考えながら生きてきた。そうするうちに、姓名と婚姻、姓名や家族にまつわる諸々は、ライフテーマの一つにもなってきた。

西洋には戸籍という制度がない。生まれた時に親によって「個人」として届けられ、以降、居住登録も、結婚も、離婚も、個人の記録として保存される。中国や韓国では、戸籍制度はあったが、それぞれ異なる歴史・政治体制などの影響で、家族や姓の意味あいは大きく変わっている。夫婦同姓が法律で今も強制されているのは日本のみなのだから、世界には夫婦別姓の選択肢がある国ばかりだ。だが、それぞれの社会の制度・法適用の現実は一様ではない。

日本にも、遅かれ早かれ、いつか別姓が可能になる日が来るのであれば、では、どんな可能性があるのか、どんなやり方が日本にふさわしいのか、どんな課題が待ち受けているのか、他の社会の例から学べることは多いはずだ。それぞれの社会も、長い時間をかけて、議論を尽くし、試行錯誤の末に、別姓も可能な現在に至っているのだから。そして、それはより生きやすい社会に向けて現在進行形で変わっているのだから。アメリカはこうだ、中国はこうだ、といった話なら、散発的にはあちこちで読んだり聞いたりできる世の中になった。だが、歴史的・文化的背景や法律の変遷、今日の実情や課題までを含めて集大成した読み物はないように思う。

そこで、本書の第Ⅰ部では、欧米（英国、フランス、ドイツ、アメリカ、それに筆者の住む小国ベルギー）とアジア（中国、韓国）の7カ国を取り上げ、それぞれの国で実体験を持つ筆者たちが、歴史や法律をひもときながら読みやすく解説を試みる。読者の皆さんに、姓と婚姻、家族についての、さまざまな例を提示し、ヒントや示唆を提供することを目指す。

各国事情を踏まえ、第Ⅱ部では、未だに法案審議の進まない立法府、合憲判断を繰り返している司法、当事者の立場を知るはずの経済界から、それぞれ前向きな姿勢を表明する方々を招き、ポジティブな対話に挑戦する。足かけ30年余りの長い長いトンネルの向こうにかすかに見え始めた明かりを頼りにして、選択的夫婦別姓を実現するために、今、何がネックとなっているのか、突破口の鍵となるのは何なのかについて、率直に議論してみたい。

日本では、「夫婦別姓は是か非か」というような単純な議論に矮小化《わいしょうか》されているようにも見える。「選択的夫婦別姓」といっても、そもそも婚姻は姓に影響すべきなのか、家族の姓は同一がよいのか、どのような姓を選択可能（夫か妻の姓、連結姓や創作姓など）にするのか、子どもの姓はどうするのかなど、熟考すべきことは山ほどある。

世界を見渡せば、各国とも、女性の社会進出やバイナリーな性の理解など、社会の変容に直面し、それぞれの文化や社会にとって相応《ふさわ》しい姓のあり方を模索しているように見える。「姓」というテーマ一つをとってみても、世界は実に多様性に満ちていて、だからいろいろな可能性がある。夫婦同姓を法律で強制する最後の国となってしまったからには、他国の経験や好例から学ばない手はないと思う。

他の社会のことを知って、考えて、誰にとっても生きやすい、日本にとってより良き選択的夫婦別姓制度を設計するための一助となれば、とても嬉しい。それは、本著を企画し、賛同した執筆陣の願いだ。

第Ⅰ部

結婚と姓——各国の事情

配偶者の男性（左）と共に赤ちゃんを抱くピート・ブティジェッジ米運輸長官／第5章参照（2021年9月4日の同氏ツイッターより。写真＝時事）

〈表記上の注意点〉

本書では全編を通して、以下のように考えて、表記上の用語をなるべく統一した。

1．「別姓」とするか「別氏」とするかについては、法務省の見解に従い、法律に関して言及する際には「別氏」を、それ以外では「別姓」とした。また、日本においては、いわゆるファミリーネーム（家の名）に相当する語彙は、「名字」「苗字」「氏」「姓」「本姓」などいろいろあるが、本書では法律用語で「氏」を用いる以外では、できるだけ「姓」と表記した。フルネームを意味する際は「姓名」とし、下の名前だけを指す時は「名」と記した。

2．他国における婚姻後の姓を説明する際には、一般に「複合姓」などが用いられるが、本書では、ルールがわかりやすいようにとの観点から、次のような名称を用いた。

連結姓：二つの姓を「ハイフン」や「等号」などの記号を入れてつなげる
併記姓：二つの姓を記号などを入れずに併記する
合成姓：二つの姓の一部を用いて新しい一つの姓を合成する
創作姓：二つの姓とは全く関係のない新しい姓を採用する

また、出生時に登録された姓は「出生姓」とする。出生姓の残し方という観点からは、これ以外にも、「ミドルネーム」としたり、通称使用するなどの方法もみられた。

3．「夫婦同姓」「夫婦別姓」とひと言で言っても、各国のルールは多岐にわたる。同姓といっても、夫か妻の出生姓を一つ選んで家族の姓とする（現在の日本）以外にも、上記のようなルールで決めた姓で同姓とする場合もある。夫婦別姓でも、それぞれが出生姓を維持する以外に、片方だけが上記のようなルールで決めた姓を採用して、結果的には夫婦別姓となる場合もある。

4．外国人の姓名をカタカナ表記する際には、本書では、姓と名の間、あるいはファーストネーム、ミドルネーム、ラストネームの間に、すべて「・」を入れて表記した。なお、外国人の姓名をその国で使用されている文字（アルファベット、漢字など）で表記する場合には、オリジナル表記にできる限り準ずることとした。

第1章　英国　すべての人に「生きたい名前で生きる自由」を

婚姻と姓	子どもの姓
伝統的には妻が夫の姓を名乗ることが多かったが、正式には姓名に関する法律の規定はなく、自由に変更できる。夫婦では別姓または同姓（連結姓、合成姓、創作姓など）も可。	子の姓にも規定はなく、家族同姓、どちらかの親の姓、親と異なる姓など自由。18歳からは、本人の意思で親につけられた姓名を変更可。

筆者＝冨久岡ナヲ（ふくおか・なを）

英国在住20年余になるジャーナリスト、国立音楽大学卒。移住後から執筆を始める。多数の英語／日本語インタビューをこなし雑誌やウェブ向け記事執筆のほか、日本語媒体の英語圏向けローカライズ、イベントプロデュースなど幅広い活動を行う。英国と日本の共通点と異なる点、よい面、面白い所を双方向に伝えることでシナジー効果を起こしていきたい。共著に『コロナ対策　各国リーダーたちの通信簿』（光文社新書）がある。

1　自由意志を尊重する国

†「名前の常識」が通用しない

結婚後の夫婦の姓を自由に選べる英国。

同姓も別姓もありだし、二人の姓を連結することも新しい姓を作ることもできる。決められた「選択肢」があってその中から選ぶことが許されている、のではない。こうしなくてはいけない、という規定がそもそもないのだ。

「選択的夫婦別姓」を「許す」「許さない」について果てしない議論を続けている日本と比べると、ほかの惑星の話のように聞こえるかもしれない。筆者も20年あまり前にロンドンに来た当時は「夫婦別姓がOKな国」程度の知識しかなく、日本から持ってきた「名前の常識」とのとんでもない違いには驚かされることばかりだった。（本章では「名前」は姓名全般を指すこととする）

それは夫婦の姓どころか、姓名そのものに及んでいた。

イギリス人数人とハウスシェアをしていた頃、隣室に住むジョナサン・ロウという男性の不在中に役所から書留が届き、郵便配達人は家のドアを開けた筆者に代理署名を請うた。「いいですよ」とペンを取ったが宛名を見てびっくり。住所は合っているが全然違う名前なのだ。リチャード・J・L＝ディンブルビー？　宛名間違い？　ジョナサンは偽名？

当時の英語力では自分の戸惑いをうまく説明できずにオタオタしていると、別の部屋に住んでいる隣人が出てきて「大丈夫、これは彼の本名なのヨ」とさらっと署名してしまった。「彼はなぜ偽名を使って暮らしているの？」と聞くと、「偽名？　ジョナサン・ロウも彼の名前よ」という答えが。「えっ、この国では複数の名前を使うことが許されているの?!」目が点になっている筆者に、大学院で法律を学んでいた隣人は「うーん、許されるからやっていい、という考え方じゃないんだけど……」と、イギリス人の名前のからくりからその背景まで親切に教えてくれた。

彼女から聞いたことはカルチャーショックを乗り越える助けとなり、その後英国文化や慣習について書く機会を得るたびに、より深く学ぶためのスタート地点としても大いに役立った。だから夫婦の姓について語る前にまず、英国の姓名事情と感覚について触れておきたい。

†ネットでいつでも改名ＯＫ！

英国では姓も下の名も自由に変えることができる。その自由は法的に保障されている。そうだ、今日から違う名前を名乗ろう、と決めるだけでよい。改名の理由を明らかにする必要はなく、変えたことを公式に登録する「義務」もない。なぜなら、姓名に関することは「個人の事情」であって国が関与すべき事項ではないとされているからだ。

実際には、新たな姓名で生活していくためにパスポートや選挙人名簿登録、国民医療サービス、クレジットカードなどの名義を変更する必要が生じる。ここで改名したことを公に証明しなくてはならないのだが、あくまでも任意。「やりたければどうぞ」というのが基本姿勢だ。

この国では、本人の自由意志が最も尊重される。それが「法によって禁止されていること」でない限りなんでもありだ。これは「コモン・ロー」という英国法（判例法ともいう）の考え方に由来し、争い事があれば慣習や今までの判例を参考に解決をはかる。フランスなど欧州大陸の多くの国や日本のように「法が許すこと」以外やってはならない、つまり決まり事を絶対視し形式を重んじる「シビル・ロー」（大陸法、または制定法）とは対極をなしている。姓名をめぐる価値観を含め、日本人には「いいかげん」と映る英国の文化と社会通念の多くはこの「コモン・ロー」のコンセプトに裏打ちされていることが多い。

さて、改名したことを法的に証明するには、ディード・ポール（Deed Poll＝正式名はA Deed of Change of Name、改名を宣誓する証書）と呼ばれる書類を作る。旧姓名と新姓名を書き並べ、身内以外の第三者の立ち会いのもとで宣誓署名をする。

自分で適当な紙に書いて証人に署名してもらうだけでも、法的には改名の証拠として認められる。ただし、銀行など相手機関のほうがそれを受け付けてくれるとは限らない。書いた紙をさらに事務弁護士、司法書士やパラリーガルなどに「証明」してもらうのが一般的だ。

まれに、法院（Court of Justice、日本では裁判所に当たるがその機能はずっと広い）に届け出ることもある。その場合は改名したという事実が国立公文書館（The National Archives）に記録される。公文書館は英国民の出生、結婚、死亡などに関する記録を保存する機関で、16世紀の創設時から今までのデータが保存されている。しかし、届け出はあくまでも任意なので、家系を辿ろうと過去の改名事実を探る手段としてはあまり役に立たない。

驚くことに、このディード・ポールは民間のネット手続きサービスを使えば数分で終了してしまう。翌日には証明済みの書類が送られてくるので、証人とともに自筆署名をするだけでおしまいなのだ。

昨年末には、酔った勢いで夜中に自分の名前をセリーヌ・ディオンと改名してしまったイギリス人男性のニュースが、長引くロックダウン生活に疲れたお茶の間を沸かせた。男性は元の名に戻さず、これから一生正式に歌手のセリーヌと同姓同名として生きていくことを選んだ。英国で姓名を変えるのはそのくらい簡単だ。もっともこの男性は、職場や家族からは依然として改名前の名で呼ばれているそうだが。

†「ミドルネーム」と学校の試験で初めてわかる自分の本名

また、イギリス人の下の名は一つではない。最初の名（洗礼名、ファーストネームまたはフォアネーム等と呼ばれる）の他にたいがい「ミドルネーム」を持っている。姓と名が一つずつである以外にバリエーションのない日本からすると、これも不思議で興味深い。ミドルネームはファーストネームとともに出生時につけられ、ファースト、ミドル、サーネームの順で並ぶのが一番多いスタイルだが、中には複数の名を持つ人もいる。

例えばウィリアム王子のミドルネームは、「アーサー・フィリップ・ルイス」とファーストネームの他に三つある。父君のチャールズ皇太子のほうは「フィリップ・アーサー・ジョージ」だ。このように王族、貴族などの間で、父系母系にかかわらず先祖につながる血筋を誇るために名前を並べる、という中世イタリアでの慣習が英国にも広まったのがミドルネームだ。どちらを向いてもジョンやポールやジョージなど同じような名前なので、それでよく誰のことかわかるものだと感心してしまう。これはローマ時代以降のキリスト教国において「洗礼名は聖書に載っている名からのみ」という慣習から来ている。

しかし今では階級に関係なく、祖父母など血縁者の名、母親の旧姓、親が尊敬する聖人や有名人から映画の登場人物の名前までがファーストネームの後に続けられている。最近はユニコーン、アップル、ミントなど、およそ名前らしからぬミドルネームも珍しくなくなった。イケメンシェフとして知られるジェイミー・オリバーの五人の子どもたちの名前を並べると、「ポピー・ハニー・ロージー、デイジー・ブー・パメラ、ペタル・ブロッサム・レインボー、バディー・ベア・モーリス、リバー・ロケット」と、まるで子ども番組のキャラクター名を見ているような気分になってくる。

親が想い入れたっぷりに並べた名のうち「どの名で呼ばれたいか」は、ここでも本人の意思が優先だ。しかし中には、親自身が初めから子どもをファーストネームで呼ばない例もある。英国TVドラマ『ゲーム・オブ・スローンズ』のジョン・スノウ役で知られるキット・ハリントンのフルネームはクリストファー・ケイツビー・ハリントン。自分の正式なファーストネームが「キット」ではない、とわかったのはなんと小学6年生の時だったという。親ですらキットを「クリストファー」と呼んだことはなかった。小学校で「正式な」ファーストネームとラストネームを書かされるのは、卒業前に行われる全国共通学力試験の時が初めてであることが多い。

というわけで、「親からもらった名前は一生もので、結婚などよんどころない事情でしか変えられない」という感覚はイギリス人にはない。誰かの名が本名なのかまったく関係のない通称なのか、など誰もあまり気にしないし生活に支障もない。名前でも生活上のことでもまずはルールやマナーが気になってしかたのない自分にとって、英国に移住してしばらくの間は面食らうことばかりだった。

冒頭のハウスメイト、ジョナサンの例を思い出してほしい。彼のフルネームはリチャード・ジョナサン・ロウ＝ディンブルビー。ジョナサンはミドルネーム、ロウは母親からもらった姓だから、確かにジョナサン・ロウは彼の名前の中から構成されている。リチャード・ディンブルビーという著名なTVプレゼンターと同姓同名になるのが嫌だったのと、連結姓のおかげで気取った上流階級の出かと公立校でいじめられて以来、この姓名を使ってきたらしい。最近結婚し、妻の姓とロウを合わせた新たな姓を作った。ディード・ポールを書くついでに、ジョナサンを正式なファーストネームに変えたそうだ。

英国と日本の名前感覚の違いを少しでも感じていただけたことを願って、夫婦の姓についての話に移ろう。

†デフォルトは夫婦別姓

夫婦同姓と別姓のどちらかにするべき、という決まりがないこの国では結婚し何も考えずに新生活を始めたら別姓のままだ。夫婦同姓に変えるほうがよほどややこしい。

英国での結婚には、教会や認可を受けたホテルなどでキリスト教義に基づいた婚姻の儀式を執り行う「宗教婚」(キリスト教以外では、その宗教に基づいた儀式と別に英国法に基づく手続きが必要)、レジストリーオフィスと呼ばれる地方行政管轄の登記所で宗教に関係なく結婚登記をする「民事婚」の2通りがある。気楽にできる改名とはまったく対照的に、結婚するためのルールは厳しい。役所に届けを出すだけで婚姻が成立する日本ともだいぶ違う。あとで説明するシビル・パートナーシップも同様だ。

まず、重婚や偽装婚を防ぐ目的で結婚の意思を28日間、公示しなくてはならない。伝統的には新聞の告知欄や登記所の掲示板が使われる。公示期間に誰も異議を唱えなければ、資格を持つ聖職者か公証人の前で、二人の証人の立ち会いのもとに当事者が婚姻を宣言する。ちなみに俳優のベネディクト・カンバーバッチが結婚した時には、まず古めかしい婚約の告知が新聞に掲載され冗談ではと騒がれた。しかし、それはオールドファッションなやり方を好む本人の意向だった。

そして、どちらの方法を採っても「結婚証明書」が発行される。証明書には、二人とも結婚前のステータス(独身または離婚)と出生届、再婚の場合は離婚証明書にあるフルネーム、父親の姓名が記載されている。だから結婚した直後は誰もが「夫婦別姓」であり、別姓を選ぶという届け出は不要だ。

夫婦同姓を選んだ場合でも、パスポートやクレジットカード、選挙人名簿登録、国民医療サービスなどを旧姓のままにしておいて不便なことはほとんどない。登録名や記載名を変更する場合は、どんな「同姓」にするかによって変更のしかたが変わる。

†こんなに種類がある「夫婦同姓」

①旧姓をシェア：どちらかの旧姓を共通の姓とする「夫婦同姓」
②併記姓または連結姓：
「ダブル・バレル」とも呼ばれ、妻と夫の姓を並べる。

大概は二つの姓をハイフンでつなぐが、ミュージカル作曲家として有名なアンドリュー・ロイド・ウェバーのようにハイフンを使わない併記姓もある。

昔は王族、貴族、上流階級の婚姻において、妻側の家系に跡取りとなる男子がいない場合にファミリーネームを残し、二つの名家が合体したことを示すために用いられていた。昨今の上流階級名家同士の結婚では、跡取りの有無に関係なく連結姓が多い。

二つの姓を同じ順番で並べれば同姓に、お互いが自分の姓を最初にし、相手のを次にすると別姓になる。
③合成姓（メッシング）：
二つの姓を混ぜ合わせて新たな姓を作ること。たとえば、ベッカムとアダムスの二人なら

「ベッカダムス」というように。人気コメディアンのクリス・オドウド（O'Dowd）とドーン・ポーター（Porter）が結婚した際、ドーンは二人の姓をメッシュした「オポーター（O'Porter）」と改名し「O'」をシェアする別姓夫婦に。メッシングを流行《はや》らせた。

④夫婦同姓にし、さらに旧姓をミドルネームに……

自分の姓を捨てた側が、旧姓を自分のミドルネームとして残す。妻の側が行うことが多い。

⑤創作姓……

旧姓とはまったく関係のない姓を選んだり、作ったりする。どちらのファミリーともつながりたくないからという理由のほか、移民やその子孫などが、英語圏では発音が難しい外国名を結婚を機に英名に変えるケースもある。

この中では①の「夫か妻の姓をシェアして同姓となる」のが一番楽な方法だ。運転免許証や銀行口座名などの名義を変更したい場合には結婚証明書を提示し、相手の姓に変えると申請すればよい。それ以外のスタイルでは、前述のディード・ポールを使って改名した事実を法的に証明しなくてはいけない。

ところで少々脱線するが、ディード・ポールで証明書を得るのは簡単でも、役所や銀行で実際に変更手続きを行うのはとてもやっかいだ。イギリス人の事務処理能力には恐ろしいまでのばらつきがある——というのが、画一的ながらも質の高い基礎教育を日本で受けた筆者の見方である。特に読み書きや基本的な計算が苦手な人のレベルは、通信簿オール1をも下回るとしか言いようがないほどひどい。そんな人に担当されると、どこかしらに必ず間違いが生じる。そして、いったん誤ったスペリングの名前や住所がデータベースに入力されたが最後、訂正するのはなぜかほとんど不可能だ。

夫婦同姓になった人が、名義変更の手続き途中であまりの面倒さに音を上げ、独身時代のクレジットカードを使い続けているという話は至る所で聞かれる。ほんとうは同姓にしたいのだが、改姓手続きの時間がなく別姓のままでいるという女性は結構いて、彼女たちは同姓を「通称」として使っている。

最初に述べたように、改姓の届け出は任意であり国がすべてを管理しているわけでもないことから、いったいどのくらいの数が夫婦同姓なのか別姓なのかという統計を取るのは不可能だ。聞き込みによる調査では対象数が限られるため偏った結果となりやすい。

2　自由ゆえに自由がなかった既婚女性の姓名

†女性を庇護されるだけの存在に閉じ込めた「カヴァチャー」

こんな風に名前はなんでもあり、自由意志が尊重されるという国なら、女性が結婚後の姓名で悩む時代などなかったのではと思いたくなる。しかし、歴史をたどると正反対の事実が浮かぶ。

名前を変える自由を含め、コモン・ローで人権が保障されているとはいっても、法文の中に使われている person（人）という単語に女性も含まれるという認識はかつてなかった。女性にも男性とまったく同じ権利があるということは、1975年に「性差別禁止法」が制定されるまで明確にされていない。結婚するまでは父親に、結婚してからは夫に属するという家父長制が当然の慣習として続き、200年くらい前まで女性は男性に隷属《れいぞく》する存在というのが常識だった。

キリスト教に基づく教会での結婚式では、今も新婦が父親だけに伴われてバージンロード（英語では wedding aisle）を歩き、娘を新郎に引き渡す（give away＝与える）セレモニーが行われている。ちなみに英国は、キリスト教の一教派であるカトリック教会から中世に独立したイングランド国教会（聖公会）を国教とする。教義的にはカトリックとプロテスタント宗派両方の影響を受けており「中道の教会」と称している。日本と同じでキリスト教の存在を意識する機会は冠婚葬祭の時だけという人が多く、大切に育てた娘が父親の手を離れる感動の瞬間として続いているこのセレモニーも、実はもともと女性の「所有権の移管」を表す儀式だったことはあまり知られていない。

結婚した女性の人格は、18世紀にウィリアム・ブラックストーン卿によって出版された英国法の解説本に明確に示されている。

「婚姻によって夫婦は単一の存在となり、婚姻が続く間は女性の存在は失われるか、夫という個人に同一化したものとなる。妻の身分は夫の庇護《ひご》（カバー）の下にある」

これはカヴァチャー（Coverture）と呼ばれる法のこと。古代フランス語のCovrirまたはCuvrir（カバーする）が語源で、11世紀に北部フランスから北上してイングランドを征服したノルマン人によってもたらされた慣習がコモン・ローに組み込まれて変化し広まったものだ。「Cover　カバー」という言葉には覆う、隠すという意味のほかに保護する、守るというニュアンスもある。例えば、家が火事で燃えた時に英語では「火災保険で家財をカバーしていたので助かった！」というような使い方をする。

キリスト教における結婚（marriage＝マリッジ）とは「1＋1＝1」、つまり二つの魂が融合しひとつになることを意味する。もともとの形は、「性交」という罪深い行為を、結婚して一体となると誓った男女の生殖目的としてなら許すというロマンスのかけらもない取り決めなのだが、カヴァチャーではさらに結婚によって女性側のアイデンティティは消滅し、夫という覆い（カバー）の下に庇護される存在となる。それゆえに既婚女性は不動産の売買や契約などができない。実家から持ってきた財産も、遺産も、妻が働いて得た収入もすべては夫の懐に入る。妻の所得分の税金を払うのも、妻が罪を犯した場合に訴えられるのも夫、という「保護者としての責任」は夫側にあるものの、家計はがっちり握られ妻から離婚を申し立てることは困難で、親権もなく別居するにしても子どもを置いて出ていくしかない。女性にとって結婚するということは、父親のもとで暮らす独身時代よりもずっと独立性と尊厳が失われた人生の始まりだった。

1870年に既婚女性財産法ができ、男女は結婚しても別々の個人であると認められて以来カヴァチャーは事実上無効化していった。今ではこの言葉を「聞いたこともない。造語ではないか」と決めつけるイギリス人が圧倒的に多いにもかかわらず、もたらされた慣習はしぶとく残り、この国の女性を長きにわたって縛り続けたのだった。

†結婚によって消え去る女性の姓名

カヴァチャーは当然、結婚後の女性の姓名にも影響を与えた。

ノルマン人は「妻は夫の所有物なので姓名も不要」と定めており、12世紀頃まで王族や貴族以外の既婚女性は名無しで婚家にも実家にも属さなかった。（もっとも、すべてのイギリス人が姓を持つようになったのはこの少しあとだったが）

それがカヴァチャーの登場で、妻は結婚すると同時に旧姓も下の名もろともすべて消されて「ミセス＋夫のフルネーム」で呼ばれることになった。まったくの透明人間にされるより少しはマシになったとはいえ、これは夫婦同姓ですらない。

「ミセス」は、18世紀頃まで親の庇護下にある年少者ではないこと、立派な成人女性であることを示すタイトルとして既婚、未婚にかかわらず使われていた。しかし、ジェーン・オースティンが1811年に出版した小説『分別と多感（Sense and Sensibility）』に登場するダッシュウッド家の息子ジョンの妻の名はミセス・ジョン・ダッシュウッド、あるいはジョン・ダッシュウッドの妻（the wife of）となっている。短くはダッシュウッド夫人だ。ジョンの妻のファーストネームはファニーなのだがそれは家庭内でしか使われず、結婚前の姓を知るのは身内だけなのだ。

この本が書かれた頃には、産業革命による社会の変化によって上流階級と労働者層の間に生まれた中流階級がすっかり定着していた。中流女性にとっては既婚というステータスが何よりも重要で、ミスとミセスの敬称が、既婚か独身かを明らかに示すためのシンボルへと変化しているのが、ジェーン・オースティンの他の作品を読んでもよく伝わってくる。

驚くべきことに、この「ミセス＋夫のフルネーム」というフォーマットはいまもりっぱな現役だ。高齢者や伝統を重んじる人からフォーマルな招待状をもらうと、例えばこの小説に出てくるファニーの場合、宛名にはミスター&ミセス・ジョン・ダッシュウッド様と書かれてくる。未亡人になってもミセス・J・ダッシュウッド様で、夫の姓名が死ぬまでついて回るのだ。ロイヤル・ファミリーもずっとこの形式を継承しており、今後も変えるつもりはないようだ。（ただし招待する夫妻が別姓である場合はそれぞれの姓名をちゃんと確認して書いている）

ちなみに英国の結婚には「婿養子《むこ》」という考え方がないので、「夫婦同姓」と言えばほとんど自動的に妻が夫の姓に変わることを指す。現在では、わざわざ妻の姓を夫が取る例も増えているが、婿になったからという理由ではない。上流階級の結婚では、お互い親戚になることでメリットのある一族同士の結びつき、という要素が残っているものの、それでも嫁をもらう、婿を取るという感覚はない。

†闘う相手は法ではなく世間の意識

19世紀に入って「女性は男性の従属物」という固定観念に疑問を感じる女性が、比較的裕福な中流階級に現れはじめた。この女性たちにはいわゆる有閑マダムが多かった。良い家柄の男性と結婚し、家事は召使いに、子育ては乳母とガヴァネスという住み込みの家庭教師（メアリー・ポピンズがまさにそれ）に任せており、やることがない。しかしある程度高い教育を受けていたので、毎日アフタヌーンティーをいただきながらのゴシップ三昧では満足せず、教養を深め「完璧な淑女《しゅくじょ》」となることを目指した。そして、1792年に時代を先取りして出版されたメアリー・ウォルストンクラフトの『女性の権利の擁護』のような本を読んだり、貧困に喘《あえ》ぐ下層階級を憂いて慈善活動に乗り出してみると、女性がいかに無力な立場に置かれているかを痛感したのだった。

こうして起こった最初の女性運動はもっぱら婦人参政権の獲得が主眼で、夫婦別姓を訴える運動があったという記録は見当たらない。せいぜい、初代フェミニストの一人と言われるジャーナリストのフローレンス・フェンウィック・ミラーが、夫の姓名ではなく自分の旧姓にミセスをつけた名前で公職につき物議を醸《かも》し、いわゆる「炎上」状態になった程度だ。

英国には夫婦同姓の法的な強制も、夫婦別姓を明確に禁止する法もない。だから、「別姓も認めよ」と訴えるための土台がなかったのだろう。目に見えぬ敵は法律ではなく「結婚したら夫の姓名になって当然」という、カヴァチャーに由来する世間の固定観念、そして他ならぬ女性自身だった。男性の領域に踏み込まない限り、夫の下で温かい家庭を作り安らぎをもたらす天使として扱われていた中流階級の妻たち。しょせん自分は自由のないペットと同じではないか？　と感じたのは少数派で、多くは家庭婦人としての生活に満足していた。労働階級でも、女性は男性に比べ体力も知性も劣っているという刷り込みを鵜呑《うの》みにして、男性の庇護下に置かれることを最善とする女性が多かった。またわざわざ男女平等の旗をかかげずに、法の抜け穴を利用して土地を所有したり、実家の勢力を示すために旧姓を使い続ける既婚女性は結構いたらしく、それはそれで「うまく立ち回っている」と世間に受け入れられていた。だから現状を変えたくない人々の目には、参政権（サフラージ）を求めるサフラジェットと呼ばれた女性たちの運動が「家庭を、ひいては社会を崩壊させる大いなる脅威」としか映っていない。21世紀の日本で、選択的夫婦別姓支持者に対して投げられている言葉と同じだ。

しかし、目覚めた女性たちは歩を緩めなかった。日本で夫婦同姓が法制化された19世紀末、英国では女性の財産所有権を認める法案が可決され男女平等社会への道が開かれた。婦人参政権も、1918年に「30歳以上、高等教育を受け、持ち家のある女性」に限った投票が実現し、段階的に広がっていった。

とはいえ、夫婦別姓の普及には1960年代も後半になるまで待たなければならなかった。

†ミス、ミセス、ミズ――女性運動第二波が解き放った夫婦別姓

1960年代から70年代の間、英国には何が起こっていたのだろう。戦争による疲弊から立ち直り景気も向上し、ベビーブーマーによるポップカルチャーが都市部で花を咲かせていた。

開放的で新しいトレンドを追うことが好きなこの世代の女性たちは、アメリカで再び盛り上がってきた女性運動にもすぐに目を向けた。

17世紀頃までは既婚、未婚に関係のない敬称として広く使われていたミズ Ms（イギリス英語での発音は「ムズ」に近い。また、Ms の後に「.」をつけるのは米国とカナダのみ）をよみがえらせよう、という動きはとりわけ彼女たちに歓迎された。ミス、ミセスを用いることをやめ、年齢や結婚に関係なくミズを使えば、男性のミスターと平等に一生同じ姓名をキープすることが簡単になる。これは既婚女性を「ミセス＋夫の名」で呼ぶ慣習をやめ、旧姓のままでいることを選ぶ女性を増やす大きな力となった。というのは、夫婦別姓を選んだ場合に既婚者としては「ミス」の敬称を使いたくない場合、自分のフルネームに「ミセス」をつけるしかなく不自然なことが問題になっていたからだ。たとえ旧姓を通称で使い続けるにしても、どの敬称を使うかで悩んだ女性は多い。「ミズ」は女性運動の第二波に乗り、男女平等を推し進めるパワーとなって戻ってきた。

現在は職場でもクレジットカードの表記でも、生活のほとんどの場面でミズという敬称を使うことができる。ただなぜか、「ミズは離婚した女性が用いる敬称」という誤った認識がおもに労働者階級の間に広まった。一度も結婚したことのない女性は「ミス」、離婚して独身に戻ったら「ミズ」。これでは結婚歴があるということをわざわざ示すようなものだ。本来の用途で使っているのは、中流階級のキャリアウーマンタイプが多いことから、ミズには「気取った言い方」というレッテルもある。この理由からなのか、米国のように女性の敬称に自動的に「ミズ」がつくことはない。必ずミス、ミセス、ミズの三つに加え、「敬称なし」、「ドクター（博士）」や貴族の爵号など他の称号」の中から選べるようになっている。

3 「結婚」はどこへ行く？——さらに多様化するカップルと家族のあり方

†結婚と姓、パーソナル・ストーリー

家父長制度が色濃く残る日本の結婚形態が嫌いだった筆者は、独身か事実婚で通すと決めていた。英国に来てイギリス人の男性と暮らすことを決めた時も考えは変わらなかったのだが、外国人が居住権や労働許可を得ることはきわめて困難だ。到底、事実婚など無理。夫婦別姓で問題なく生活できる国であることもあり、思い切って「結婚」して現在に至る。子どももいる。

日本では挙式と入籍が別だが、戸籍制度のない英国の場合、式での宣誓の瞬間が婚姻成立となる。民事婚を挙げるため、証人や友人を引き連れて市役所の一角にある登記所に出向いた日のことは今でもよく覚えている。入口の横にある広いスペースには花が飾られ、椅子が私たち

の人数分きれいに並べてあってまるでミニ結婚式場のようだった。証人とともに書類に自分たちの名前を署名すると、登記官は筆者の顔だけを真っ直ぐに見て「これはあなたに」と結婚証明書を差し出した。

なぜ自分に？　と不思議に思ったが、あとからその理由を知った。伝統的にはこの日を境に自分の名前を消され「ミセス＋夫のフルネーム」、つまり夫の従属物となってしまう既婚女性にとって、結婚の事実、自分の結婚前の姓名、そして父親の姓を証明できる書類はこれしかないのだ。そのため、一組一通だけ発行される結婚証明書を後生大事に持っていなさい、という意味合いを込めて妻のほうに渡すのだそうだ。用紙に母親の姓名を書く欄がなかったのも、妻が夫の庇護下にあるとされていた時代の名残なのだろう。２０２1年5月、１８４年ぶりに法律が変わり母親の名前も記載されることになったが、当時は民事婚といっても思いのほか過去の慣習を引きずっていることにややたじろいだ。

夫婦別姓で新生活をスタートしたとはいえ、実際には旧姓にこだわっていた訳でもない。自分の姓は父方の家名だ。結局は同姓も別姓もともに男系の姓がなんらかの形で継続されているにすぎないということはわかっていた。だから、英語圏に住んで働く身としては夫の英語姓のほうが自分の日本語姓よりも通じやすい場合、そちらを便宜的に使うことに抵抗感はない。ただ、本当は結婚時に二人でまったく新しい姓を創るべきだったのでは、と今でも思うことがある。

†結婚の未来型――シビル・パートナーシップ

そのあと2004年になって、同性のカップルが「シビル・パートナーシップ」により婚姻とほぼ同じステータスを得られるようになった。両者は平等な存在であり、異性同士の結婚と同じように税金の配偶者控除、遺産相続の権利などを得られる。そのニュースを聞いた時、「えー、ずるい！」と思わず口ばしってしまった。

なぜなら、いくら宗教色を消しても英国での結婚とは、前述したようにキリスト教が定めるところの「夫」と「妻」との間の契約だからだ。性別や役割に関係なくただ二人の自立した人間が一緒に生活を共にする、ということを単純に合法化する手段が他にあったならばそちらを採りたかった。

そう思ったのは自分たちだけではないらしい。ロンドンに住むカップル、レベッカ・ステインフェルドとチャールズ・ケイダンは、2014年に結婚ではなくシビル・パートナーシップを結びたいと登記所に行ったが、同性同士オンリーと断られ国を訴えた。異性同士なら普通に結婚すればいいのになぜ？　と言われながらも諦めずに提訴を続け、最高裁は2018年にシビル・パートナーシップの対象を同性カップルだけに限るのは人権法違反であると認めた。

ふたりはもちろん別姓で子どもが二人いる。子どもには双方の姓、ケイダンとステインフェルドをメッシュした「ケイドステイン」という姓を新たに作ってつけた。判決時の会見では、「子どもたちを平等なパートナーとして育てたいと願っており、シビル・パートナーシップ制度が最良の模範となると思います」と語った。

†「伝統」に受け入れられたい同性カップル、結婚しない異性カップル

この判決を機に、事実婚からより法的に守られたシビル・パートナーシップに進む異性カップルは2019年までに1700組近くに達し、増え続けている。しかし、同性カップルでは、2014年に同性同士の「結婚」も認められるようになってからというもの、伝統的な結婚を選ぶ組が多くなった。2019年には既婚の同性世帯数が全国で6万8000となり、この2年で倍に増えている。

俳優のジョン・バローマンのように、シビル・パートナーシップをすでに結んだのにわざわざ結婚に変えた組もある。「シビル・パートナーシップだと既婚（married）というステータスは使えないからね。パートナーのギルに自分の夫となってほしかった。それに、伝統の中に僕たちのような存在を受け入れてほしい、認めてほしいという気持ちもある」と語っているように、既婚者と呼ばれたい同性カップルは結婚を選ぶ傾向にある。

姓はメッシングや連結姓、併記姓で同姓にしたという組が多い。それだとどちらも同じ呼ばれ方になる。たとえば、筆者がもしケイト・ミドルトンと同性結婚して連結姓にしたら、ふたりともミセス・ミドルトン＝フクオカになるということだ。

静かに広がっているとはいえ、異性同士でのシビル・パートナーシップはまだまだごく少数派だし、全体で見ると、事実婚のままで子どもを持ち家族として暮らすカップルより増えている。スコットランドも含めた全国約２０００万のファミリーのうち、結婚しているのは67％（２０１９年）で、年々減り続けている。いまや英国では４割近くが事実婚だ。

理由はいくつかある。まず、結婚していなくても日常生活で不便に感じる場面がほとんどないことだ。遺産の相続権などはないが、同棲合意書および遺言をお互いにしっかり作っておけば解決できる。子どもができても、親が結婚していないために学校で不憫《ふびん》な思いをすることは一切ない。筆者の子どもが通った小学校では、30名の同級生のうち、結婚している・離婚した・再婚した両親を持っていたのはうちを含めた10名だけ。事実婚家庭で生まれた子のほうが多数派という状況だった。

それに、せっかく結婚しても10年以内に４割近くが離婚してしまうという事実は、結婚を嫌うイギリス人が最もよく挙げる理由だ。離婚率はこの20年ほど右肩上がりで、親の離婚を経験した子どもたちは結婚に幻滅感を持ったまま成人している。わざわざお金をかけて式を挙げ、10年もしないうちに別れて離婚訴訟となるのは馬鹿げている、と彼らが思うのも不思議ではない。

†子どもの姓と家族の一体感

ところで事実婚や夫婦別姓の場合に子どもの姓をどうするか。一番多いのは、夫婦は別姓でも子どもには双方の姓をつないだ併記姓や連結姓を与えるケースで、親と子どもの姓が異なることになる。

次がどちらかの姓を与え、残りをミドルネームにするやり方。子どもが二人以上いると、組み合わせ順を変えることもありえる。夫がザカリー、妻がオウエンという知人の別姓夫婦は、平等に姓を与えたいと長女にアリス・ザカリー・オウエン、長男にルーカス・オウエン・ザカリーという名をつけた。父と息子、母と娘が同姓となる。そんなにこだわらなくても、と親戚や友人からは笑われたが反対する人はひとりもいなかったそうだ。

小学生のうちは学校で姓が使われることは少ない。公立校では特に下の名だけで呼ばれることがほとんどだ。学校側はもちろんフルネームを把握しているが、入学時にファーストネームとミドルネームのどちらで呼ばれたいか、それとも小さい頃から使われているニックネームがいいかなどを確認し、本人が希望する呼び方を使う。

学年が上がるにつれ子どもたちは自分の姓を意識しだすのだが、同姓の親子もいればまったくの別姓もいて当たり前なので、そのこと自体は問題にすらならない。また学校では同姓家族ということになっていても、それが出生届に載っているいわゆる「本名」なのかどうかはわからない。先にも述べたように通称として同姓を用いている家族もかなり多いからだ。

筆者も同じようなアプローチをとっている。子どもには自分と配偶者の両方の姓をハイフンを入れずに並べてつけた。学校ではそれで問題なく過ごしたものの、宿の予約など一つのファミリーネームを使うほうが楽ならば、夫の英語姓を躊躇《ちゅうちょ》なく使う。日本に里帰りした時は自分の姓を家族で共有する。同姓は通称として使うほうがよほど便利だと思う。

このような環境で子育てをしてきた身には、姓が異なると家族の一体感がなくなるという見方がいったいどこから出て来るものか理解に苦しむ。ファミリーネームという枠への帰属感だけが家族をひとつにつなぐのであれば、自分の子どもの同級生家庭はほとんど崩壊していることになる。もっと言えば、こうしたことを気にしない英国の家庭全体が機能していないことになるがそのような事実はない。

イギリス人数人に「家族をつなぐものはなにか」と聞くと、異口同音に「愛情と尊敬」という答えが返ってくる。夫婦同姓のカップルですら「同姓でないと家族が成り立たないですって？　家族をつなぐのはそこにいる人と人同士であって、姓が同じだから家族愛が生まれるという考えは変だわ」と、そんな意見があること自体に驚いていた。

†結婚か事実婚か——階級による違い

ところでどんな人が結婚し、どんな人がしなくても良いと考えるのだろう。

双方とも高学歴、共働きで収入が高めの中流カップルに多いのが事実婚だ。経済的社会的に十分に自立している女性たちは、ジェーン・オースティンが描いた時代のように「既婚者」というステータスや夫による経済的な庇護の必要性を感じていないから、という分析もある。

英国では女性が管理職、役職を占める割合は日本より高い。２０２０年の調べでは、公務員においては女性の上級職が43％に達した。またＦＴＳＥ３５０（ロンドン証券取引所の株価指数における３５０の上位銘柄）に名を連ねる英国企業役員の34・３％は女性で、その人数は５年前と比べて５割も増えている。

役所など公職の世界では、男女や人種の比率を定めて人事採用をする傾向になって以来、同じような能力の男女では女性のほうが、白人と有色なら有色人種のほうが有利という昔とは正反対の現象も生じ、それはそれで問題となっている。しかし、企業の側はもっと合理的だ。業績が上がってこそ経営が成り立つのだから当然なのだが、「性別や肌の色にかかわらずもっとも優秀な人材を採る」が主流になってきた。これこそ自立する女性が求めている「平等」な土俵であり、上司が女性であることをわざと示す「レディ・ボス」などの呼び方も差別的表現として消滅しつつある。

こうした流れのなかで、上級管理職の地位にある女性は平均760万円、役員クラスでは1200万円以上を稼ぎ出している。男女合わせた全国平均年収は450万円程度（1ポンド＝152円で換算）だ。賃金の男女格差はまだ2割以上あるとはいえ、高収入な女性はパートナーと同等なチームメイトとして生活し、子どもも作り、事実婚でいることになんの不便も感じない。

ところが上流階級になると結婚プラス夫婦同姓派が断然多くなる。古くから続く家柄を誇る王族や貴族（政治家の多くが含まれる）、二〜三代以上前に事業などで築かれた富と人脈を受け継ぐ家の子孫は、若い世代でも結婚を「二つの家系をつなぐ手段」と捉える傾向があり、相手選びには慎重だ。結婚式は両家の権勢を示す舞台となり、すでに生まれた時から連結姓であることが多い新郎新婦は結婚後どの姓を残すかで親族会議を開くらしい。そこで決まった「連結姓による同姓」は、由緒ある家系図に新たな枝を加える家柄ブランドの創設を意味する。別姓にするメリットは彼らにはあまりないのだ。

そして、最も結婚志向が高いのは、自分が労働者階級に属すると考える男女だ（統一された

「階級」の定義は存在しないので、調査などでは本人に聞く）。雑誌やソーシャルメディアで見る上流階級やセレブの豪華な結婚式とロマンチックなハネムーンに憧れる層でもある。

調査会社ＹｏｕＧｏｖによる２０１６年の調査では、結婚したい女性の６割が夫の姓で同姓を選ぶと答えた。男性の６割強も結婚したら妻に自分の姓を名乗ってほしいと希望している。結果を見たメディアは時代が逆行している、女性の独立心が失われてきた、といった的外れな分析を展開していたが、本当のところは「結婚に憧れるタイプの女性の多くは昔ながらの夫婦同姓を好み、そういう女性が結婚する相手もオールドファッション」ということにすぎない。「結婚」を考えていない男女にも聞いていたら、結果は大きく異なるものになっていたことだろう。

†「みんな違って、みんないい」が当たり前の英国

〝事実婚とシビル・パートナーシップは確実に増えている。夫婦別姓はごく普通のあり方だ。しかし、結婚も夫婦同姓もなくなる日は来ない〟

慣習でも法的な意味でも自由度が広がり、いっそう多様な「なんでもあり」状態になっている現状を一言でまとめたらこういうことになるだろうか。

「夫婦同姓 vs 別姓」「結婚 vs 事実婚」といった、どちらが正しいか黒白をつけようとする

対立の構図はここでは見られない。どちらのスタイルにも支持者がいて、それぞれがなぜその形を選ぶかについてはっきりした意見を持っている。

　もともと人と同じことをするのが嫌いで他人の事情に興味が薄い、という国民性からは「誰もが同じルールに従わなくてはいけない」という同調圧力も生まれない。自分とは異なる価値観や意見を認めず消してしまおうとする人はもちろんいる。しかし大多数は、お互いの自由意志を尊重し、排斥に時間を費やすよりも「人は人」とゆるやかに共存共生するほうを好む。

　それに昔のカヴァチャーが定めたような、女性を男性の下に隠してしまう空気はもうない。夫婦、あるいはパートナー同士ですべてを平等に分担する家庭もあれば、一人が稼ぎ、一人が家事育児を受け持つ分業家庭もある。子どもの姓にしても、家族で一つの家名を使いたければそれもよし、全員が違っていてもそれもよし。それぞれの事情に合わせて家族全員が決めることこそ一体感の形成につながるのではないか。

　英国で暮らしていて、折に触れ思い出すのは金子みすゞの詩にある「みんなちがって、みんないい」の一句だ。本当は「私と小鳥と鈴と」という題で、誰しもそれぞれにいいところがあるという趣旨なのだが、文字通り、英国の「人は人」という文化の最も良い点を讃《たた》えているように思えてならない。

「違い」を認め、受け入れられる社会は、より多くの人が生きやすいと感じる社会だ。子どもを育てやすく、誰もが輝くことのできる社会だ。その実現に、英国はまだまだ程遠い。しかし、結婚したら夫の姓名になることが当たり前、という縛りから女性だけでなく社会全体が解放されたことは、とてつもなく重要な一歩となった。家族は同一の姓を共有しなくてはならないという思い込みが消える日が、一刻も早く日本にも訪れることを願うばかりだ。

注記：
「カヴァチャー」など歴史的な部分において、この章で「英国」と書いているのは連合王国全体のことではなくイングランドおよびウェールズを指していることをお断りする。英国の正式国名はグレートブリテン及び北アイルランド連合王国（The United Kingdom of Great Britain and Northern Ireland）で、イングランド、ウェールズ、スコットランド、北アイルランドというそれぞれ自治権をもつ四つの「国」の連合体である。女王を統一君主とする単一主権国家になったのは１７０７年のことだ。ウェールズは連合成立時にイングランド王国に含まれていたこともあり現在もイングランドと多くの法を共有しているが、他の二つの国には異なる歴史や慣習、別々の現行法がある。例えば、スコットランドでは４００年ほど前まで女性は生涯父親とその一族に属し結婚しても姓名が変わらなかった。現在は連合王国全般を通しどこも似通った状況になっているが、すべてを並べることはできずイングランドとウェールズの姓名事情に焦点を当てた。

第2章 フランス 多様なカップルの在り方が少子化に終止符

婚姻と姓	子どもの姓
「姓名不変法」から出生姓が本姓。夫婦ともに、配偶者の姓をつなげた連結姓、継承できなかった親の姓をつなげた連結姓、相手の出生姓を、通称として「合法的に」使うことができる。	父の姓のみだったが、近年、父母のどちらかの姓、両方の併記姓から選択可に（出生届時点）。順番に合意できない場合はABC順、同じ両親の複数子の場合は第一子で決めた姓に。

筆者＝プラド夏樹（ぷらど・なつき）

フランス・パリに32年在住。慶應大学文学部哲学科美学美術史学専攻。ベルサイユ国立地方音楽院卒。パリ市のサン・シャルル・ド・モンソー教会の主任オルガニストを務めると同時に、フリージャーナリストとして活動。社会、宗教、性、ジェンダーに関する現地情報を歴史的、文化的視点から発信。著書に『フランス人の性』（光文社新書）、共著『コロナ対策　各国リーダーたちの通信簿』（光文社新書）、『日本のコロナ致死率は、なぜ欧米よりも圧倒的に低いのか？』（宝島社）。

私は、30年前に来仏し事実婚を経てフランス人の夫と結婚した。結婚当初は自分の出生姓Yamadaのみを名乗っていたが、その後Yamada-Pradoと連結姓になり、今は夫の姓Pradoだけを名乗っている。

最初は出生姓のみ、そして連結姓だったのは、僅《わず》かながらでも日本との絆《きずな》を保ちたいという気持ちからだったが、長い名前は書くのに時間がかかる。また、周囲の人々が、読みにくい日本語姓をスルーしてフランス語の姓だけを呼ぶので、その都度、「違いますよ、私はYamada-Pradoですよ」と主張するのもだんだん面倒になってきた。その後、カトリック教会という保守的な職場でオルガニストとして務めるようになるが、圧倒的にフランス人、白人、男性が多い中で外国人である私が仕事をゲットしていくためには、フランス語の姓を使用するほうが好都合だと気付き、夫姓だけにした。

そして、10年前にフランス国籍を取得した。パスポートには次のように記載されている。

姓：YAMADA

通称：PRADO

名前：NATSUKI

これでわかるように、フランスでは出生時に出生証明書に登録された姓名が一生を通じてその人の法律上の本姓名である。原則として姓名は変更できず、つまり、結婚は姓名に何らの影響も与えない。Prado は通称であり、いってみれば、夫姓を本姓として旧姓を通称とする日本とは反対になる。また、通称使用はあくまで任意であり、私の夫と息子は出生姓 Prado だけで生活している。

しかし、既婚女性を「マダム・〇〇」と夫姓で呼ぶ19世紀からの習慣は、今も根強く残存している。1970年代から実施された一連の男女平等政策の一つである姓に関する法制は、何度も改正を重ねた結果、今は夫姓以外にもいくつかの通称の選択肢がある。それでも、法制と実生活の間には大きな隔たりがあり、夫姓で呼ばれることに対して憤慨する既婚女性や離婚した女性、また、その一方で、出生姓を維持したは良いが子どもと姓が違ってしまうことを悲しんでいる女性もいるなど、姓を理由に苦しむ女性の数は現在でも予想以上に多い。

1　結婚と姓（名前）の歴史をひもとく

†古代——妻は家財の一部の扱いだった

欧米における姓と結婚の歴史について考えるにあたって、読者のみなさんにとってはやや唐突に思われるかもしれないが、その潮流となる文明が築かれた古代ギリシャ・ローマ時代に遡ってみたい。

諸説あるが、家父長制の起源は先史時代、女性たちは、その出産能力ゆえに子孫の存続のために必要な貴重な「資源」としてモノ化され、囲いこまれたという推定がある。男性たちは、異なる親族間で自分の姉妹や娘を交換し、力を合わせて女性たちを監視することで、男性同士の強力な絆である家父長制を築いた。これによって社会が広がり、交換が進み、経済が発達したと。

ところで、こうした制度は、古代社会においては自然の摂理として神話、宗教によって広められた。例えば、ヨーロッパ文明の潮流である古代ギリシャ神話で、主神ゼウスは自分が気に入った女性ならば人間であろうとニンフであろうと見境なくものにし、抵抗されそうな相手ならば雄牛や白鳥に変身して騙《だま》すことも厭《いと》わない。女性は奪うモノであり、交換し、寄贈するモノだった。

さらに哲学者プラトンは家父長制を正当化するかのように、「完全な人間」である男性に対して、女性を「欠陥をもって生まれた未熟な存在」と定義づけた。そんな存在に子どもなど作ることができるわけがないではないかと、弟子のアリストテレスは生殖の過程に関して、胎児に形を与え生命を吹き込むのは父親であり、女性はいわば、胎児を体内で育てるだけの受け皿のような存在でしかないと考えた。子どもに父親の姓が与えられる慣習が出来上がるずっと前から子どもは、まず「父の子」だったのだ。

こうした古代ギリシャ文明を吸収した古代ローマ時代、家父長制は制度として、はっきり文字によって成文化された。ちなみにローマ法は、後述するナポレオン民法のみならず現代の欧州諸国法制度のルーツとも言われる。

王政時代は名前は一つだったが、支配地域の拡大とともに人口が増えると、ローマ市民は最低でも二つ、個人名と氏族名を持つようになった。その後、共和政後期になると家族名が付け加えられ、通常、貴族階級は三つの名前を持つように。例えば共和政末期の将軍、英語読みでシーザーと呼ばれるカエサルの本名はガイウス・ユリウス・カエサルだが、次のようになる。

個人名：ガイウス
氏族名：ユリウス
家族名：カエサル

古代ローマは家族を社会の基盤とし、その中で一番年上の男性を頂点とするピラミッド型の家父長社会、いわば男の天下だった。慣習法を成文化した十二表法は、父親に絶対的な家長権、子どもや妻に対する生殺与奪の権利を認めており、自分の家の存続と名誉のためならば、障害児や女児など戦に役立たないとみなされた者はバッサリ切って捨てても構わなかった。男の子は個人名を与えられ父親の氏族名を継いだが、女の子は、運よく父親に認知されたとしても個人名はなく、ある「父親の氏族に属する女性」として呼ばれたということだろう。日本で言えば「藤原女」である。

例えば、前述のガイウス・ユリウス・カエサルの娘は、氏族名ユリウスの女性形「ユリア」になる。娘が数人いる場合は、なんと全員「ユリア」になり、それに1番目、2番目と順番をつけて区別していた。

女子は結婚を機会に父の権威から夫の権威の下に移行した。結婚は、妻の持参金で財産を増やし資産の後継者を得ることを目的にした制度なので、厳格な一夫一婦制だったが、だからといって妻は愛情を注ぐ対象ではなく、せいぜい、奴隷・動物・家具・用具といった家財の一部でしかなかった。奴隷は人間と「モノ」の間にある存在だったが、女性は人間と奴隷の間の存在だったと言ってよいだろう。子宝に恵まれない友人に、自分の妻を離縁して貸し出し、その後、再び娶《めと》り持参金を2回ものにするというようなことも公然と行われていた。

しかし、原始キリスト教がローマ領内に少しずつ広がり、4世紀に公認されると、女性の地位は僅かなりとも変化する。男子が生まれないなどの理由でこれまでごく普通に行われていた離婚（平均3回）を聖職者たちは戒め、結婚には当事者の同意が条件と説くようになった。カトリックの神学の原型を作った教父の一人である聖アウグスティヌスは、410年頃に執筆した『結婚生活の幸福』の中で、結婚を「一夫一婦制カップルの間で貞節と愛情を誓う契約」と定義し、「性欲自体は悪であるが、未来のキリスト教徒を産み増やすという目的でならばセックスは許される」と説いた。

†中世──人口増加とともに姓がつけられるように

ところで、現在のフランスの起源となったのは5世紀末に生まれたフランク王国だ。前述したギリシャ・ローマ文明を継承するガロ・ローマ人、フランク族などゲルマン民族の寄せ集め国家として出発した。

略奪と殺戮《さつりく》のエキスパートであるゲルマン民族と、すでにキリスト教化されていたガロ・ローマ人の共存は比較的順調であったが、結婚に関しては軋轢《あつれき》が絶えなかった。ゲルマン民族は、略奪婚や買取婚をし、遺産を分散させないためなら近親婚も重婚も厭わなかったからだ。こうした人々の間にもキリスト教が浸透し、家族関係を根底から変えていくのは8世紀半ば以降のことだ。

9世紀、フランク王国が三分割され、西フランク王国がフランスに、残りがドイツ、イタリアの原型になった。また同時期、スカンジナビアに住むバイキングが西フランク王国に侵攻。西フランク王はキリスト教への改宗と、今後の侵入者に対する防衛力となることを条件としてフランス北西部にノルマンディー公領を与えた。のちにこのノルマンディー公がイングランドを征服し、表面的には女性を保護するというがその実は支配・管理する古代ギリシャ・ローマ時代から続く大陸の慣習を導入した。それが女性を夫の庇護《ひご》の下におく法理であるカヴァチャーにつながる（第1章参照）。

中世中期、11世紀頃から、欧州では人口が爆発的に増加する。日本では平安時代にあたる時期だ。蛮族の侵入に終止符が打たれ、農業技術が発展することで食料供給が安定、経済成長したからである。それを基盤に商業も発達し、行商が始まり人の移動が盛んになった。封建社会の仕組みが出来上がったので、自分の域内の秩序を管理する領主は領内の住人を把握する必要が生じ、名が一つでは事足りなくなった。こうして、11世紀から14世紀にかけて二番目の名前である姓が広がった。

一番多かったのは、父親の名前を二番目の名前、つまり姓として使用し、「マルタンの息子、ジャン」がジャン・マルタンと名乗るケースだ。その他、住居の目印となるもの（例：橋、木、湧水など）、また、身体的特徴（例：茶髪、のっぽなど）、個人の性癖や性格（例：盗人、怒りっぽいなど）、職業（例：鍛冶屋、パン屋など）も姓として使われた。こうして出来上がった姓は次第に父から子へと継がれるようになっていく。

†キリスト教の結婚と女性観、そして夫婦同姓の萌芽

中世中期、グレゴリウス改革以降、教会は主に民衆に対する精神的規範の指導・監視を司ることで権威を高めていった。

そして、ついに、13世紀の公会議で、結婚（マリアージュ）は秘跡＝神の恵、つまり神と夫婦の三者間で結ばれる永遠の契約と公式に定義された。重婚や近親結婚を避けるために結婚の公表が義務づけられ、制度化された。キリスト教の結婚についてまとめてみよう。

・未来のキリスト教徒を増やすという目的でのみ許されるセックス
・当事者二人の同意
・神と夫婦間三者の永遠に続く契約
・近親結婚の禁止
・一夫一婦制

離婚は禁止されていたが、子どもができない場合や、後になって近親結婚であったことが判明した場合、強制的な結婚などに対しては教会裁判所が認めれば別れることもできた。14世紀頃から神父が結婚記帳を登録するようになるが、それに次いで、16世紀頃から、生まれた子どもに教会で洗礼を受けさせ、洗礼証明書を発行することが一般化した。これが後の出生証明書の元となるものである。

中世中期までが蛮族による侵攻と略奪そしておそらくレイプに満ちた社会であったことを考

えれば、キリスト教は、ある意味で女性を庇護したと言って良いだろう。しかし、だからと言って、キリスト教が古代ローマ時代やゲルマン民族の家父長制的な慣習を、完全に断ち切ったわけではなかった。それどころか、女性を「欠陥をもって生まれた未熟な存在」とする古代ギリシャ時代以来の考え方を「神の摂理」として教義に取り込み、家父長制を保障した。

「洗礼を受けてキリストに結ばれたあなたがたは皆……奴隷も自由な身分の者もなく、男も女もありません」（ガラテヤの信徒への手紙第三章27〜28節）と、神は男女を「同じ魂を持った人間」としてみなしていると説き、神の前での男女の平等を説いた一方で、「婦人が教えたり、男の上に立ったりするのを、わたしは許しません。むしろ、静かにしているべきです」（テモテへの手紙二12節）と、地上の生活の上では、女性は男性に従属するとした。

また、「なぜならば、アダムが最初に造られ、それからエバが造られたからです。しかも、アダムはだまされませんでしたが、女はだまされて、罪を犯してしまいました。しかし婦人は、信仰と愛と清さを保ち続け、貞淑《ていしゅく》であるならば、子を産むことによって救われます」（テモテへの手紙二13節から15節）と続け、女性を罪深い存在と定義し、その罪は「子を産むこと」でしか救われないとした。全能神の言葉に国王でさえ「違うんじゃない？」と異論を挟むことはできなかった時代である。人々は、聖書の教えを内面化していった。

こうした女性観が「女性は結婚前は父に従い、結婚後は夫に従い、未亡人になってからは息子と神の教えに従うべき」という家父長制的規範として社会に浸透すると、妻は夫姓を使用すべきとする考えが生まれてきた。つまり、洗礼証明書上の出生姓名は本姓名として維持されつつも、生活の中では「夫姓で呼ばれることもあった」ということだ。

実際には、既婚女性が夫姓を通称として使用することが一般化されるには程遠かっただろう。自分よりもステータスが高い夫と結婚した女性は夫姓を使用し、反対に、女性でも領地を継ぐことができる地方で父親から広大な領地を継いだ貴族階級の女性は、結婚後も出生姓を使用し続けた。その一方で、夫にも自分にも継ぐべき財産などありもしない階層の女性は、出生姓名を名乗り続けていたという、階級と地方によって様々でアバウトな状態だった。

†啓蒙時代、大革命そして姓名不変の法

17世紀になると、教会の教えといったこれまでの権威から離れて、人間の理性によって世界を理解しようという思想、日本の明治維新にも大きな影響を与えた啓蒙主義がヨーロッパに広がる。

こうした流れもあり、ルイ16世の時代になると、王権は神によって与えられたものという王権神授説を信じる人々は少なくなり、絶対王政に対する不満が爆発した。1789年、ついに大革命が勃発する。フランスでは伝統的に反乱や民衆蜂起の火をつけるのは女性で、「パンよ

こせ！」をシュプレヒコールにベルサイユ宮殿になだれ込んだのも彼女たちだった。王侯貴族と彼らの特権を保障していたキリスト教会も権力を失い、その結果、革命政府の下で階級制度が廃止され、家庭内での男女平等を保障する次の二つの法制が定められた。

・結婚は教会が司る特権ではなく市民契約
・これまで禁止されていた離婚が法制化され、協議離婚、または片方が性格の不一致を理由に申し出れば離婚が可能になった

同時にカトリックとプロテスタントの洗礼証明書が世俗化され、子どもの親子関係、親の職業、生地を明記する記録書類が市役所の管轄に置かれた。これが現在の出生証明書である。そして、姓名不変法によって「いかなる市民も出生証明書に記載されている以外の姓名を名乗ることはできない」と成文化された。この法律は今も有効だ。

革命に火を付け、積極的に参加した女性たちは政治化し、より多くの自由・平等・権利、そして参政権までを声高に主張するようになる。男性革命家たちは、ラディカル化する女性たちに恐れをなして社会の安定を妨げると危惧し、締め付けにかかった。革命末期、5人以上の女性の集会は禁止され、あれほど女性たちが望んだ参政権は認められず、人権宣言で掲げられた平等は階級間での「男性の平等」に過ぎなかった。

失望した革命家は多い。日本でも最近フェミニストの間で注目されている劇作家オランプ・

ド・グージュは、女性の参政権が認められなかったことに抗議し、「女性にもギロチン処刑を受ける義務があるならば、政治に参加する権利も与えられるべき」という有名な一文を含む『女性人権宣言全17条』を発表する。

ところで、この女性人権宣言の後文では「結婚は信頼関係と愛情の墓場」とキリスト教の結婚制度に対して辛辣な批判をし、結婚に代わり得る制度として「私たちAとBはお互いに愛し合う期間のみ次の条件で結ばれます」の一文で始まる「男女の社会契約書」を提案し、その中で「子どもには認知した父母双方の姓を継ぐ権利がある」としている。18世紀のわきまえない女、オランプ・ド・グージュは、反革命的と判決を受け、ギロチン処刑された。

革命後の混乱、風紀の乱れ、不安定な政情を終わらせたのは、マッチョなナポレオンだ。社会の安定のためには宗教が必要と考え、これまで革命下で断絶していたローマ教皇と和解。カトリック教会は社会における絶大な影響力を回復した。

†ナポレオン法典で家父長制が決定的に

ナポレオンは、社会に秩序を与えるためにと称して、1804年、ローマ法典に沿った世界初の民法典を制定した。当時としては新しい「個人の自由」「階級間の平等」を制定したもので、そこには確かに大革命の結果として「男性の自由」と「男性間の平等」があった。しかし、その一方で、社会の安定化という名目のもとに、下記のように封建的な家父長主義を明文化した。

・夫は妻を庇護し、妻は夫に服従すべし
・夫は妻の財産、品行に至るまで全てを管理、監視すべし
・夫の許可なしに妻が自分の給料を使用することの禁止
・夫の許可なしに労働し、旅行することの禁止

極め付けは「未成年者、既婚女性、犯罪人、精神障がい者には法的権利なし」。これでは家庭内アパルトヘイトではないか？　世界に名だたる英雄ナポレオンだが、フランスでは「女性の敵」である所以だ。

こうした時代の風潮のもとで、革命を主導し、19世紀の時代の先端をいった大商人、資本家、官僚といったブルジョアジーの家庭では、「妻・母としての美徳」が尊ばれ、既婚女性自身も夫姓を名乗ることで「選ばれた女性」としての誇りを得るようになる。民法典で夫が家父長と定義されたことから、既婚女性の夫姓使用が習慣として定着していった。ジュール・フェリー氏の妻宛の手紙の封筒には「マダム・ジュール・フェリー」と、女性の出生姓はおろか名さえ切り捨てられて書かれ、また未亡人になっても「マダム・ヴォーヴ（未亡人）・ジュール・フェリー」とされるのが習慣になる。「通称として夫の姓を使用することもあった」時代から、

「通称として夫姓を使用するのが規範」の時代に移行し、21世紀の今も夫姓を使用する女性は多数派である。

ところで、日本は、1868年の明治維新とそれに伴う文明開化によって、まさにこの時代――欧米で「女性嫌悪（ミソジニー）の時代」と言われている反動的な時代――の家族・男女関係のモデルを導入した。江戸時代の日本では再婚や離婚は比較的自由であったが、欧米から輸入された一夫一婦制が、福沢諭吉の『修身要領』などにより「文明」の名のもとに広められた。ミッションスクールが創立され、キリスト教宣教師によるキリスト教的な男女観からの女子教育も施され、こうした学校は今日に至るまで「お嬢様学校」として定評がある。前述のナポレオン法典は、世界に広がったのみならず明治の日本にも多大な影響を与えた。1890年に公布されたが、施行されなかった日本初の民法（現在、旧民法と呼ばれている）の草案を作成したメンバーにはお雇い外国人として来日したフランス人ギュスターヴ・エミール・ボワソナードもいた。また、現行民法典（1898年施行）はドイツ民法草案などを参考にしたものだが、ナポレオン法典の影響も色濃く残っている。

†パンタロンをはいてフェミニズム運動へ――1830年

前述したように大革命中に活躍した女性は庶民から上層階級までいたが、どちらかというと個人プレイが多く、「集団として団結してすべての女性のために戦う」というフェミニズム運動には至らなかった。

歴史は一直線には進まない。ナポレオン没落後は反動的な復古王政に立ち戻り、キリスト教は再び国教になり、離婚は禁止される。しかし、民衆の民主主義と自由への希望は募るばかりで、その間にフェミニズムは左派運動、民主主義運動、社会主義運動と結託して発展した。1830年七月革命後、初期社会主義者クロード・アンリ・ド・サン・シモンの社会思想に影響を受けた「サン・シモニアン」と呼ばれる女性たちが、家父長的な家族制度の廃止・家庭内での男女平等・自由な恋愛というユートピア思想を唱えるようになった。多くは裁縫女であり洗濯女という職業に就いていた貧困層の女性たちだったが、小冊子『自由女性（La femme libre）』をわずかなお金を出し合って出版し、これがフランスで初めての女性誌になった。「権利を分け合おうとしない男とは結婚したくない」「結婚の枠外で恋人と過ごすことは心地いい！」「もう別れたい」「なんで不倫したらいけないの？」政治的言葉というよりは、生活の中で自然と湧いた「つぶやき」の寄せ集めかもしれない。しかし、彼女たちは、一緒に雑誌を作るという行為の中で、階級を超えて女性として団結し、イニシャルか個人名でのみサインすることで、夫姓と父姓で呼ばれることへの拒否を表明した。男装であるパンタロン着用が禁止されていた時代に無断でスカートの下におそろいのパンタロンをはいて外出し、女性差別に対する異議を唱えた。

1848年の二月革命で男性普通選挙が行われると、女性たちも参政権を声高に要求するようになりフェミニズム第一波が起きるが、教会も黙ってはいない。時の教皇ピウス9世は、聖母マリアの処女懐妊を正式教義と承認、「妻であり母、しかし無垢な処女」というどうにも不可解な存在である聖母マリアを崇める信仰が盛り上がった。

万人の人権を求めた大革命の理念はすぐには実現されなかったが、緩やかに、しかし確かに社会を変えていった。そしてようやくたどり着いた民主主義政権である第三共和政下では、階級間・男女間の平等に向けての社会運動が活発化し、出版・集会・結社の自由など民主主義的な権利が獲得された。これまで初等教育といえば教会聖職者によるキリスト教刷り込み教育でしかなかったが、男女に無償・無宗教の初等義務教育が保障された。過失（不倫、侮辱、虐待）による離婚が可能になり、被害者は子どもの養育権を受け取ることができるようになった。

19世紀末に女性参政権運動が激化。ユベルティーヌ・オークレールはその第一人者として知られているが、1901年、新聞『Le Radical』に「自分の姓を使用しなさい」というタイトルで寄稿し、ナポレオン法典内で定義されている女性の家庭内での立場を「屈辱的」とし、「既婚女性は小包や愛玩動物のように首に夫の持ち物として名札をつけられている」と評し、女性の出生姓がないがしろにされていることに対して抗議した。また、『女性の名前』を出版、ラジウムを発見して1903年にノーベル物理学賞を夫とともに受賞したキュリー夫人（本姓名はマリア・サロメア・スクウォドフスカ）の業績が「キュリー」という夫姓だけで知られることの理不尽さについて書いている。

2　女性の権利獲得と制度改革——20世紀以後

†二度の世界大戦と女性参政権

1905年の政教分離法によって教会は政治の場での発言力を失った。1907年には女性も夫の許可なしに自分の給料を使用できるようになった。

当時の社会的規範に反して、結婚後も出生姓を名乗り続ける、あるいは連結姓など夫婦二人の姓を利用する女性たちも増えるが、多くの場合は、理解あるフェミニストの男性と結婚している女性たちにとどまった。自分の出生姓を子どもにも継がせたいというラディカルな意見もあったが、フェミニスト運動者の小さなサークル内での域を出ず、社会全体には行き渡らなかった。

しかし、20世紀初頭の二回にわたる世界大戦中に、これまで男性に割り当てられていた力仕事、財政管理、法律上の手続きといった役割と責任を女性たちが難なく果たしたことで、「女性が平等を求める声は正当ではないか?」という評価が男性の側からも上がった。それに連れて、19世紀的な家庭モデル——女性は結婚して夫に仕え、子どもの教育に専念する——にも疑問が持たれるようになった。1944年には、遅ればせながら参政権が政令によって女性にも与えられた。

フランスでの女性の参政権導入がドイツ(1918)などに遅れた理由には宗教的な問題も関わっていた。ドイツでは16世紀にマルティン・ルターによる宗教改革が起き、カトリック教会の信仰のあり方に反対するプロテスタント(新教)が生まれた。カトリックでは、聖書は聖職者だけが読み、解釈をし、説くものであったが、ルターは、教義によらずに各人が自分の力で聖書を読むことを勧め、民衆にも読みやすい一般的なドイツ語に翻訳し(ルター聖書)、庶民の間にも広めていった。そのため、プロテスタントの信徒がマジョリティの国々では、女性も比較的早く読み書きを学び、聖書の解釈をめぐる会合で意見を言うことが可能になった。もちろん、女性が家事と子どもの教育という役割分担から解放されたわけではなかっただろうが、「自分で読み、解釈し、討論する自由があったこと」は、女性解放運動が比較的早く進んだ理由の一つになっている。

†結婚制度改革、ピル解禁、人工妊娠中絶合法化……家父長制に入った亀裂

第二次大戦後の高度成長期になると、都市化が進み、キリスト教信者は激減、女性の就業率が伸びるなど、大きく時代の風潮が変動した。

1965年に既婚女性は夫の許可なしに仕事をし、銀行口座を自分の名前で開き、自分の財産を管理する権利を得た。また、不動産売買、夫婦の財産管理も、これまでのように夫の特権ではなく夫婦二人の権利になった。女性の権利は、これを皮切りに、一連の男女平等政策を通して一気に拡大されていく。

1968年には、学生運動「五月革命」が起き、社会を大きく揺り動かした。戦後のベビーブームで生まれた子どもたちが起こした意識革命だった。同時期に「私の身体は私のもの」をスローガンにフェミニズム第二波が起き、1967年にピル解禁法が採択され、女性が産みたいときに産む自由を得て初めて、家父長制が揺らぎ始めた。1970年に「家長」という概念が法律上廃止され、共同親権になった。その2年後には嫡子《ちゃくし》と非嫡子の権利も同等になり、1975年に協議離婚が認められ、人工妊娠中絶が合法化された。

寿命が長くなり一人の人と一生添い遂げることが難しくなり、個人意識が高まると、キリスト教の結婚制度の定めに基づいた永遠に続く一夫一婦制は自然と崩壊し、事実婚（当時は自由

結婚union libreといった）をすることが「カッコイイ」とされた。20世紀を代表する学者カップルであるジャン・ポール・サルトルとシモーヌ・ド・ボーヴォワールは、気が向いた時は同居し、互いに他のパートナーとの一時的恋愛も認め合い、「家事は時間の無駄」と公言して外食し、子どもを持たないことを選ぶという新しい関係を堂々とするようになる。

カップルや家族関係に関するメンタリティの変化を象徴するかのように、夫の姓も父の姓も使用せずにイニシャル、ペンネーム、名前のみで署名する女性ジャーナリストや作家がさらに増え、姓の問題は女性全体の、ひいては国民全体の自由の問題と意識されるようになっていった。

†通称の法制化

こうした社会の自由化の波に乗って、1981年には社会党のフランソワ・ミッテランが若者たちの大きな期待を背負って大統領に就任。戦後初めての左派政権が始まった。1985年「姓の継承に関する夫婦の権利と平等改革」を実施し、通称使用が法制化された。

現在は、私生活で、家族生活で、社会で、職場で、出生姓ではない次の四つの姓の中から一つを選択し、正式に通称使用し、身分証明書上で出生姓の横に明記することができる。当然、行政機関はこの通称を尊重する義務がある。

①出生姓と、継承できなかった親の姓を出生姓にハイフンでつなげる連結姓（順番は自由）
②出生姓と、婚姻関係にあるパートナーの姓をハイフンでつなげる連結姓（順番は自由）
③女性による夫の姓使用
④男性による妻の姓使用（2013年から）

1995年に欧州統計局がEU加盟国内の18歳以上の男女を対象にして実施した世論調査ユーロバロメーター（2001年発表）によると、

夫の姓を使用している女性：91％
両方の姓を使用する女性：7％
出生姓のみを使用する女性：2％

という結果で、夫の姓を使用して生活している既婚女性がほとんどだった（第4章132頁の図表参照）。しかし、両方の姓の使用を望んでいた人の割合は、次のようにかなり多い。

妻は夫の姓のみを使用する方が良いと思う：49％
妻は両方の姓を使用する方が良いと思う：40％
妻は出生姓のみを使用する方が良いと思う：2％

その約15年後の2011年に、その年に結婚する18歳以上の男女を対象にBVA（行動科学を専門にするフランスのコンサルタント会社）が行った別の統計を見てみよう。

自分の姓のみを使用したいと望む男性：76％
夫の姓のみを使用したいと望む女性：46％
しかし、54％の女性が自分の出生姓を維持することを望んでおり、その内訳は、
連結姓の使用を望む：34％
出生姓のみの使用を望む：20％
この二つの統計は同じ条件でなされたものではないが、15年間で自分の出生姓のみ、あるいは連結姓を通称として使用することを望む女性の数がかなり多くなっていることがわかっていただけると思う。国民の間ではまだ習慣に従って夫姓を名乗る妻が大多数だったが、法制定は確実に人々の意識を変えていった。

†同性婚の法制化が姓に対する意識を変えた

1980年代にエイズが流行《はや》り、フランスは欧州一の感染国になった。ホモセクシャルの人々が病で倒れたパートナーの家から家族によって追い出されたり、共同で購入した物品の使用権を親族に奪われたりという事件が相次ぎ、ホモセクシャル・カップルの権利を法的に守る必要性が出てきた。

1990年代から、性の多様性と自分らしさという個性を追求するフェミニズム第三波が始

まり、再び、性の問題が浮上していたこともあるだろう。1999年にPACS（民事連帯契約）で同性カップルの共同生活に関する契約が法制化された。日本のパートナーシップ制度にあたるものだ。前述した18世紀の革命家オランプ・ド・グージュがキリスト教による結婚を「愛情と信頼の墓場」と評し、市民同士としての平等な「男女の社会契約」を提案してから200年が経っていた。

PACSは、当初は、法律婚が認められない同性カップルを対象として起草されたが、その後、同性・異性にかかわらず成人二人を対象とするようになり、ヨーロッパの中でも画期的なものになった。結婚に比べて離婚が簡単にできる（別れたい方が公証人を通して、あるいは書留で契約に終止符を打つことを宣言するのみ）、所得税共同申告が可能というメリットがある。しかし、パートナーが亡くなった場合は、特に遺産相続契約を生存中に結んでいない限り遺産を継ぐことができない。また、パートナー死後の年金半額を受け取る権利も、パートナーの姓を通称使用することも不可だ。

PACSができてから20年経った2019年、契約カップルの大多数は特に若者だ。そして当初の政府の意向とは反対に、同性カップルより異性カップルの数の方が多く、「結婚する前のお試し」感覚で結ぶ人々が多い。今日、結婚しないことに対する肩身の狭さは微塵《みじん》もない。先日、三人の子どもを持つ40代の姪に、「あなたたちが結婚したときは……」と特に意識せずに話しかけた時、「まあ、結婚なんてしてないわよ！」と目を三角にして怒られた。男は仕事、女は家庭といった役割分担をやめてお互いに自由な個人として生きたいと願う人々、特に経済的に自立した女性にとって、結婚のイメージは悪いのだ。

２０１３年、社会党政権下で同性結婚が法制化された。賛成派と反対派の間で世論は真っ二つに分かれ、国会では１７０時間が議論に費やされたが、この法制化により結婚すれば同性カップルでも養子を迎え、パートナーの遺産を継ぎ、パートナーの姓の使用もできるようになった。（国会では２０２０年12月、結婚していないカップルでも養子を迎えることができる法案が可決されたが発効は未定）

同性愛が１９９０年まで世界保健機関（ＷＨＯ）精神疾病リストにあったことを考えると、これは確かに大きな進歩だ。しかし、ここでは特に、同性婚法制化によって、「カップル関係と親子関係をつなぐ制度」であった中世以来の結婚観が崩壊し、同時に、「子どもの姓」に関する考え方が決定的に変わる節目になったことに注目したい。

これまでは、異性の両親が子どもに与える姓について合意できなかった場合は自動的に父の姓になるなど、父姓はいかなる場合にも優勢だった。しかし、同性婚法制化によって、「パパが、あるいはママンが二人の場合はいったいどちらの姓を優先させるの？」という問題が浮上したのだ。

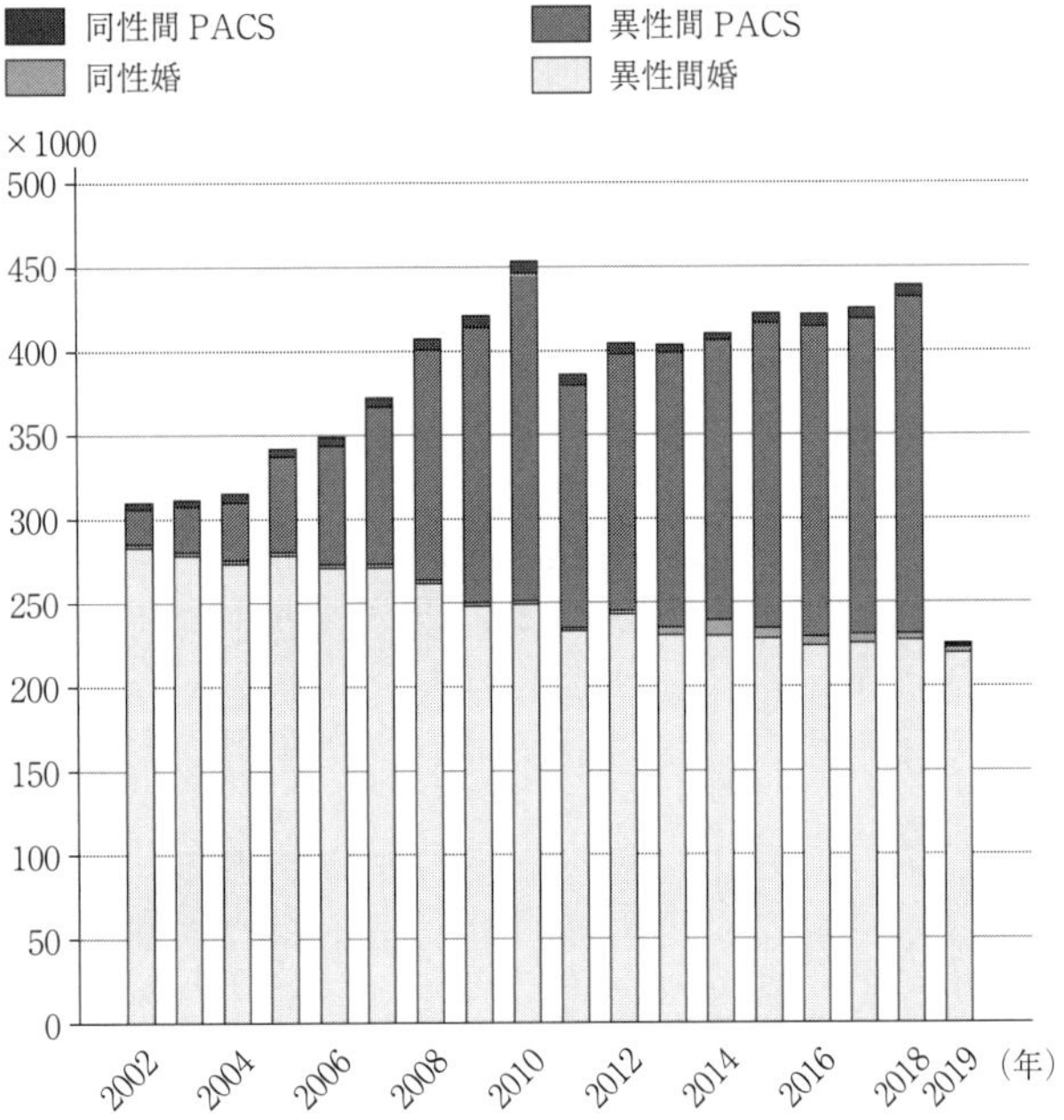

2002〜19年に結婚、PACSをしたカップル数（INSEE 国立統計経済研究所調べ）

以来、両親が子どもの姓について合意できない場合は、同性婚か異性婚かにかかわらず「アルファベット順で併記姓（ハイフン無し・スペース空け）」ということになった。同性婚法制化を機会に、子どもに自動的に父姓を継承させることに疑問をもつ人が増え、家父長制の特徴の一つである「子どもの姓における絶対的な父姓の優勢」に終止符が打たれた。

†通称の裏にある人生ドラマ様々

しかし、既婚女性で夫の姓を通称としている人数はまだ圧倒的に多いように感じられる。

例えば、知人のジュヌヴエーヴ（45歳）は、保守的で親族間での集まりが多い義理の家族に、「覚悟を決めてカップル生活に取り組んでいないように思われるのが嫌だから、夫の姓で生活している」と言う。そうかと思えば、モニック（50代）のように、「父親が極右政党に投票するのでそれに対する抗議として、わざと夫のユダヤ系の姓を名乗っているのです」と言う女性もいる。家族関係の研究をしている社会学者マリー・フランス・ヴァルテス氏によると、貧困地域では女性は結婚していることが価値を持ち、逆に言えば結婚していない女性は「人生に失敗した」と思われがちなので、既婚女性が夫の姓を通称として名乗ることが多いという。

しかし、2019年に発表されたINSEE（国立統計経済研究所）の調べでは、結婚平均年齢は女性36・1歳、男性38・6歳と、近年、平均結婚年齢は確実に高くなっていっており、それに連れて、結婚後も出生時の姓を引き続き使用したいと思う女性は増えている。特に、学業する年数が長かったり、管理職に就いている女性、結婚前にある程度のキャリアを積んだ女性が自分の出生姓を名乗ることを希望しているのは日本と同様だ。

友人のパトリシア（50代）は、若い時から歌手として活動していたので結婚後も出生姓で通した。簡単ではないと言う。「結婚してからなんとなく夫の姓で呼ばれることが多くなり、人にいちいち言い直させるのは疲れる。それに、なぜか、夫の姓と違うために健康保険から医療費が払い戻されなくて苦労したこともあったし、出生姓にこだわると本当に面倒」と。また、bio製品の化粧品を扱うブティックの店主マリー（40代）のように、夫の姓がLa Tombe（フランス語で「墓」という意味）で「あまりに不吉で使えない。『墓』は化粧品販売に似合わないもの」と言う人もいる。マリーは、出生姓で仕事を続けている。

夫が妻の姓を名乗るケースももちろんあるが、レアケースだ。知人の男性、トマ（40代）はフランス生まれだがトルコ系移民の姓を持っており、フランス人には発音しにくい。アパートを探す際にも自分の姓を名乗った途端に電話を切られたり、「は？」と怪訝《けげん》そうに聞き返される。仕事を探すにも履歴書の段階で落とされることが多いため、妻の姓を通称として使用するようになって楽になったと言う。また、セバスチャン（50代）は、かつての領地名がついた長々しい名前の元貴族の家系を持つ女性と結婚し、妻の姓を名乗っている。「僕はフェミニストだから」と言うが、本音は、仕事をする時に箔がつく感じがするからということらしい。

あるいは、少々古くなるが2015年9月28日のル・モンド紙に掲載された記事「母親姓を子どもにつける人々」では、「私の妻はスペイン系。全ての家族はフランコ政権下でフランスに移民した。しかしこういう歴史を象徴するものはもう姓以外に残っていないので、私が妻の姓を使用、子どももそうしました」という人や、「妻の父方の祖父は第二次世界大戦中にフランスの捕虜だったドイツ兵。戦後、ドイツ人とフランス人の間の恋愛は排斥されていたので難しく、その話を家族の間で継いでいきたいが、妻には姉妹しかおらず、姓が消えてしまうので私も子どもも妻の姓を使用しています」という戦争にまつわる理由が紹介されている。

しかし、夫が妻の姓を通称として名乗ると、行政や仕事面で予期せぬ支障が出ることもある。知人イザベル（30代）は、「結婚後、夫は通称を私の姓にしました。本来ならばシンプルに市役所に届ければ良いだけのはず。それなのに、会社の人事課は『行政裁判所の判決が必要』と言って受けつけず、仕事場での通称使用を拒否しました。その後、民法の条文を引き合いに出して主張すると『通称変更使用届』というフォームにサインしなさいと言ってきた。しかし、それには『未婚女性姓』（日本での女性の旧姓にあたる）という欄があり、どうやら会社では『通称使用届は女性対象限定』と考えていたらしいことが判明した」という例もある。

社会学者ウィルフリッド・ラウルト氏の『自分の出生姓を維持して子どもに継承する。併記姓と連結姓に関する2002年法とその実態』という研究発表によると、連結姓を名乗る人には、もちろん清掃業者ヴェロニック（40代）のようなバリバリのフェミニストもいる。「父親に育てられて、男兄弟に囲まれて育った」女性だが、最初の結婚でDVを受け離婚して以来、フェミニストになり、再婚では迷わず連結姓を選んだという。また、ごく単純に「連結姓の方がシック」という理由で選ぶ若者もいる。ブロガーのアリス（25歳）の姓はショーフィエで、夫はごく平凡な姓であるマルタン。「二人の姓をつなげると芸能人みたいでカッコイイと思い、通称として使用し、子どもにも併記姓をつけた。単に美意識からです」と言う。姓が長いと少々ハイソな響きがするらしい。

通称として連結姓を選べるようになって、既婚女性は、「自分の出生姓を維持し、それゆえに子どもと姓が違う」か、あるいは「子どもと同じ姓を持つために意に反して自分も夫の姓を使用」のどちらかを選ばねばならないというジレンマから脱出できるようになった。しかし、使用している人に聞くと、実際には、行政機関や病院で名前を呼ばれる時、最初の姓だけ、あるいはフランス風の簡単に発音できる姓だけが呼ばれることが多いという。呼ぶ方にしてみれば「併記姓や連結姓は呼ぶのに時間がかかる」ということらしい。

†税制ハラスメント

ところで、経済的に独立し、一市民として税金を払ってきた女性でも、一度カップル生活を始めて一世帯として税金申告すると、なぜか納税通知書上では夫姓になってしまうということが、2021年の今になっても頻繁に起きている。家長という単語が消え、女性が経済的に独立し、家族モデルは20世紀から大きく進歩したのにもかかわらず、こうした一見些末《さまつ》な事柄が経済的に独立している女性の誇りをいたく傷つけている。

知人マリーは、「38歳まで独身でした。18年間、経済的に独立していました。しかし、税金申告でPACSと記入して以来、住民税納付書は彼の名前で自宅に届くようになりました。これまで経済的に自立するためにがむしゃらに働いてきたけれども、その誇りは粉々に砕けてしまいました。おまけに、私の分は銀行口座から自動引き落としになるように口座情報を送ったのに、超過分はなぜか彼の口座に返金されるのです」と。憤懣《ふんまん》やる方なく、税務署に抗議の電話をすると、「返金に関しては一世帯につき一つの銀行口座情報しか入力できないので、ご主人に返金しました〜♪」と明るく返されたそうだ。

また、離婚して3年目のエマニュエル。「結婚当時は夫姓を通称として使用していたのですが、離婚後に口座名を私の出生姓に変更しました。しかし、銀行も疾病保険センターも、今だに夫姓だけで郵便物を送り続けてくるのです。泥沼離婚だったから、彼の姓を見るだけで神経が苛立《いらだ》つからもうイヤ」と。

ジョルジェット・サンド（男性名ジョルジュをペンネームにした19世紀の女性作家ジョルジュ・サンドにちなんでいる）という名の団体は、納税をはじめとした行政手続きの場でも女性の通称選択が尊重されるようになることを目的に、2021年5月、署名運動を始めた。署名の文頭には、「結婚していようがPACSだろうが、女性がある男性パートナーと共同生活をしていると申告するだけで、あなたのアイデンティティは一匹のハエのように無残に踏み潰される」とあり、代表者オフェリー・ラティル氏は、「女性の通称選択を無視し、自活能力を否定すること、それは行政機関による暴力、税制ハラスメントです！」と厳しい。特に税務署と銀行に女性の姓の尊重を望むことを経済財政大臣に要請する予定だ。

3　子どもの姓をどうするか？

†姓の継承と男女平等

１９７８年、欧州評議会は加盟国に、「子どもへの姓の継承に関して両親には同じ権利を」と男女平等を考慮に入れた法を採択することを勧告した。また１９７９年、国連は「姓に関する権利における性差別を撤廃するように」加盟国に要請し、以降、欧州では、子どもへの姓の継承に関して父親の姓が優先されることを不平等とみなすようになった。

遅ればせながらフランスでも、２００５年以降、次の姓を子どもに継承させることができるようになった。ちなみに両親が結婚しているかどうかは子どもの姓には影響しない。

①父の出生姓

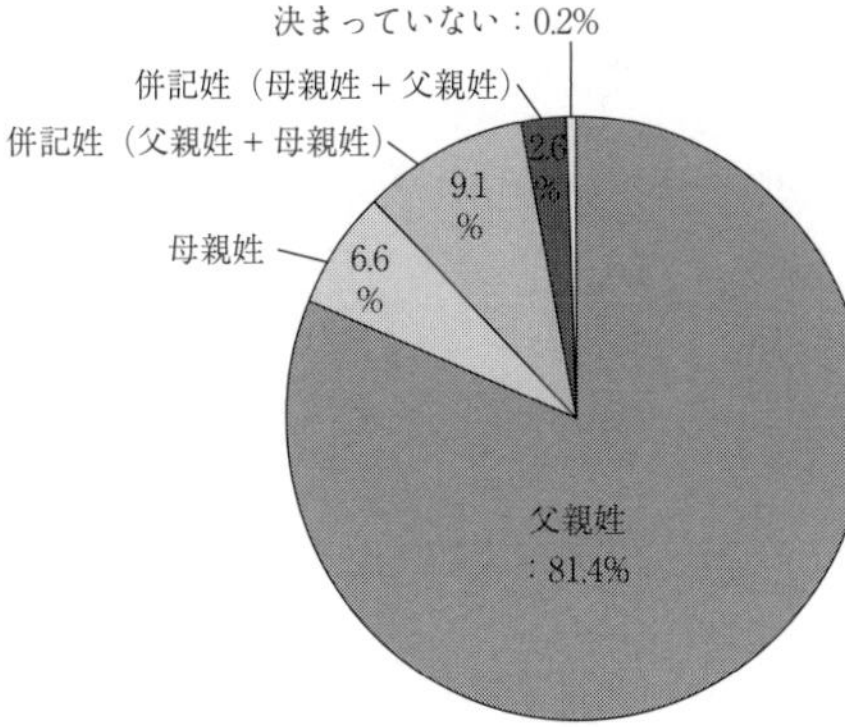

2019年に生まれた子どもの出生姓（INSEE 国立統計経済研究所調べ）

②母の出生姓

③両親が合意した順序でのハイフンなしの併記姓

（例：Dupont Morel あるいは Morel Dupont）

また、両親が合意できなかった旨を申告した場合はABC順で併記姓になり（2013年から）、両親が希望を表明しなかった場合は父親姓にと定められた。

しかし、選択する権利は存在しても、知らなければ行使することができないというのが実態だ。

国立統計経済研究所（INSEE）の発表によると、2019年に生まれた75万3383人の子どものうち61万3377人が父親の姓を継いでいる（上図）。子どもに父親の姓を継がせる習慣は相変わらず多数派だが、その中には、情報が乏しく、子どもに継承させる姓にはいくつかの選択肢があることを知らない人も多いのではないだろうか？

†根強く残る「子どもは父親姓」図式

　知人であるアンヌの夫アブデル（30代）は、アラブ系フランス人。人種差別を日常的に体験しており、娘が大人になってから職を探す時などに差別に遭うことを恐れ、妻アンヌのフランス風の姓を与えることにした。しかし、アブデルの親族も黙ってはいない。子どもを妻の姓にしたことを両親に伝えると「狂ったのか？　妻に牛耳られる腑抜け！」と罵《ののし》られたという。

　また、ブラン氏は妻のユダヤ系の姓を継続させるために子どもにバルックというユダヤ姓を名乗らせた。ブラン氏は、妥協策として自分の祖父の名前を与え、それで満足している。しかし、幼稚園では、ブラン氏までも「バルックさん」と呼ばれ、何度も園長に「いや、子どもはバルックですが、私はブランです」と訂正しているのに直らないとボヤく。子どもの姓＝父親の姓という図式は深く社会に根づいている。

　前掲したウィルフリッド・ラウルト氏の研究発表に出てくる例では、ニコラ（43歳）も、子どもに併記姓をつけることに積極的に賛成した。子どもが生まれた時は3年間という例外的に長い産休をとり、子どもが幼稚園に入るまで面倒をみた。妻が転勤した際には、自分も勤務先を変更してついて行ったという協力的な男性だ。ところが子どもに併記姓をつけることをすんなり受け入れる男性は、文化的資本が妻より少ない傾向があるという。実際、この信用金庫勤めの男性は、妻より学歴が低く収入も低い。

長い議論と交渉の果てに精根尽きて、夫が、妻の姓や併記姓を子どもにつけることを受け入れたとしても、その後、抵抗し続ける例は多い。学校から記入するように言われた用紙の子どもの姓名の欄に自分の姓だけを入れて故意に妻の姓を入れ忘れたり、行政関係の手続きを全て妻に押し付けてボイコットする男性もいる。子ども宛てのプレゼントに、あえて妻の姓を書かずに送りつけてくるような嫌がらせをする夫の親族もいるらしい。

子どもに併記姓をつける選択をした友人の女性に言わせれば、行政機関、銀行、健康保険に加えて親族、夫に向かって「違います。この子は併記姓ですので、私の姓をつけるのを忘れないでください!!」と毎日のように言い続けるのは実にストレスがかかるそうだ。しかし幸運にも、子どもたちはものともしていないという。併記姓の片方だけで呼ばれれば、返事をせずに無視して聞き流すか、すかさず「違うよ。僕の姓は併記姓なんだから二つの姓で呼んで!」と、大きな声ではっきり訂正する子どもたちの率直さが救いになるそうだ。彼らにとっては、それは自分の本姓。他人にとって長過ぎようが、読みにくかろうが知ったこっちゃないのである。

†子どもに自動的に併記姓を

引用した前図にあるように、2019年に生まれた子どものうち、併記姓を名乗る子どもは

15％以下だが、個人的には、増えている感じがしている。同性婚カップルでは、子どもの姓を併記姓にするケースが多く、さらに順番についてカップル間で真剣に話し合う傾向があるという社会学者ジェローム・クールデュリエ氏の『同性婚の両親が子どもに姓を継がせる時』という論文の研究結果があるが、こうした傾向も、今、異性婚カップルの子どもの姓に関する意識が変化している理由の一つだろう。

ところで、子どもの姓を出生時に自動的に併記姓にするための署名運動をしている団体「私の姓を継いで」が行った統計では、13％の女性は出産のゴタゴタの中で、親族のプレッシャーや夫のゴリ押し、社会的な圧力から、自分が納得のいかない姓を子どもにつけてしまったという数字があることに注目したい。

2021年6月に、与党である共和国前進（LREM）党のパトリック・ヴィナル議員が子どもの姓に関する新政令案、「子どもの姓は出生申告時に自動的にABC順の併記姓にする法案」を法務大臣に提出した。もちろんこれは義務という意味ではない。両親が、併記姓の順番を決めたり、父親姓あるいは母親姓のみと合意して届け出れば受け入れられる。しかし、両親が特に希望を表明しない場合は、自動的にABC順の併記姓にというものだ。

フランスでは、出生すると5日以内に市役所に出生届を出すことが定められており、大都市の病院ならば院内の市役所出張所で、そうでない場合は市役所に届け出のために出向かなくてはならない。出生姓名は一度届け出たら変更不可能なので、出産前にカップルの間で子どもの姓名は決めておいたほうが良いが、カップルの間で揉《も》めている間に生まれてしまったということだってありかねない。しかし、出産したばかりの母親が、時には麻酔がまだ効いている状態で、いったいどうやって市役所まで行くのか？　そのため、多くの場合は、父親が出向き、時には母親の意向を無視して、勝手に選んだ子どもの出生姓名を申告してしまうということが起きている。

この法案をヴィナル議員と共同で起草したのは前述した「私の姓を継いで」という団体だが、その主催者マリーン・ガティノー・デュプレ氏は言う。「最初の結婚で出産したとき、私はあまり考えておらず、なんとなく夫の姓をつけて、後になって後悔しました。そして再婚し二度目の出産をしました。今度こそは、私の姓を継がせたいと思っていたのに、私の入院中に夫が一人で市役所に届けに行き、私の意向に反して父親姓のみ、おまけに2番目、3番目の名前（名前は6個までつけることができる）まで勝手につけてしまったのです！」と言う。

結局、同氏は二度目の離婚をする。子ども二人は両方とも夫の姓で、おまけに二人は父親が違うので姓が違う。子どもを連れて旅行する際には、三人とも姓が違うので至極面倒なことになる。空港で、「子どもの連れ去りではないことを証明するために、父親の合意書を提出させられ、その都度、親子関係について詳しい説明を強いられる。書類を失くしたら、誘拐したと言われても仕方ないんですよ」と。

†「選択できること」と出産率

日本で選択的夫婦別姓に反対する人々の意見を聞いていると、「風紀が乱れる」「家族の一体感がなくなる」「少子化が進む」といった声が聞こえてくる。

実は、フランスでも、人工中絶法・ピル解禁法・ＰＡＣＳ法・同性結婚法・レズビアンカップルと独身女性への生殖補助医療法制化（２０２１年）といった一連の女性の権利や男女平等に関する法制改革が起きるたびに、進歩派と保守派の間で国は分断され、激しい感情的な議論が起きた。個人レベルでも、友人同士で仲違いしちゃった、昨日のディナーでは怒鳴り合いになって皿が飛んだ、などということをよく聞いた。

保守派の人々はそのたびごとに、世紀末の到来かのように「子どもがいなくなる」「風紀が乱れる」「家族の規範が崩れる」という主張をした。私は保守的な人々が集まるカトリック教会で仕事をしているが、同性婚法制化が国会で議論されている時期に、涙ながらに「なんて卑しいことなの！　神様のお恵みである結婚を、同性愛者がするなんて、冒瀆《ぼうとく》だわ。こんなことが許されるときっとこの国には罰が下る。みんな地獄へ落ちるのよ！」と言っていたおばあちゃんもいた。

ところが、結果的にどうだろう? フランスの女性一人あたり出産率は2010年(2・02)を頂点に年々下がっているが、2020年でも女性一人あたり1・8で欧州一である。それも日本よりもはるかに経済的には低迷しているのに、である。(2020年世界GDPランキングで日本は3位、フランスは7位)

19世紀後半以来、フランスは深刻な少子化に悩んでいた。長年にわたって敵対していた隣国ドイツに比べて人口が少なかったのでこれは大問題で、第一次世界大戦後からは「四人産んだお母さんにはメダル授与」などという全く的外れな少子化政策すらとった。

しかし、女性がピル解禁法と人工妊娠中絶合法化によって自分の出産をコントロールし、望む時に産むことができるようになった1970年代後半になって出産率が上昇した。その後、若干下がったが、再び、1985年の通称の選択範囲拡大、1999年のPACS法制化など、自分なりの人生を選んだりプログラムできるようになった1990年代後半に再上昇し、安定状態で今に至っている。

姓や結婚の選択の自由を前にして、とるべき責任の重さに慄《おのの》く人もいるかもしれないが、自分のアイデンティティや家族の在り方の選択肢が広がることは、決して退廃や少子化にはつながらないことを、そして人は自分が選んだ生き方こそを大切にすることを、フランスの例から感じ取っていただけたら嬉しい。

婚姻と姓	子どもの姓
長らく夫の姓を「家族の姓」とする同姓のみだったが、一方が出生姓に「家族の姓」をつなぐ連結姓、妻の姓での同姓、そして夫婦別姓が可能に。	子どもの出生届時点で父母どちらの姓を与えるかを決める。連結姓などは不可。 同じ両親の複数子の場合は、第一子で決めた姓に。

第3章　ドイツ　別姓が開く女性活躍の道

筆者＝田口理穂（たぐち・りほ）

日本で新聞記者を経て、1996年よりドイツ在住。信州大学卒、ハノーファー大学社会学修士。ジャーナリスト、ドイツ語法廷通訳・翻訳士。ドイツの環境政策や政治、教育など幅広く執筆。視察のコーディネートや同行通訳も行う。著書に『なぜドイツではエネルギーシフトが進むのか』（学芸出版社）、『市民がつくった電力会社――ドイツ・シェーナウの草の根エネルギー革命』（大月書店）、共著『コロナ対策　各国リーダーたちの通信簿』（光文社新書）、『「お手本の国」のウソ』、『ニッポンの評判』（ともに新潮新書）。

2021年秋まで16年間首相を務めたアンゲラ・メルケル（67歳）は夫婦別姓である。実はメルケルという姓は、東ドイツ時代に23歳で学生結婚したときの元夫の姓。5年後に離婚したが、物理学の博士号を持つ研究者としてキャリアを積んでいたため、旧姓に戻さなかった。45歳で再婚した際に別姓としたが、メルケルがもし新しい夫の姓に改姓していたら、今のようなキャリアが築けただろうか。再婚して7年後に首相となったが、旧姓使用での首相就任などありえただろうか。

長い間ドイツでも、結婚すると夫婦同姓が義務とされていたが、現在は別姓、同姓、片方だけが連結姓と三つの選択肢がある。これまでの流れと夫婦の姓をめぐる現状を考える。

1　夫婦同姓の原則から別姓が認められるまでの道程

†ここの常識は、別の国では常識でない

私は25年ほど前に一人でドイツにやってきて、それからドイツに住みついている。子どものころ手にした写真集で、一面の草原に小さな家がある風景を見てからずっとドイツに憧れていた。ドイツに来て驚いたのは、人々が大きな音を立てて鼻をかんでいること、太っているのに

ぽっこりしたお腹が強調されるようなぴったりとした服を着ていること、男性同士がカフェで大きなフルーツパフェを食べていることだった。びっくりすると同時に、「鼻は静かにかむもの」「太っているのは恥ずかしいことだから体の線は隠すべき」「甘いものを堂々と食べるのは女性の専売特許で、男性はすべきでない」という、日本で培った思い込みが自分の中にあったことに気づかされた。当然と考えてきた事柄と反する光景が目の前で繰り広げられ、それはそれは別世界で自由に映った。その国で常識とされていることが、一歩外に出るとそうでないのだと体感した。

このような例はいくらでもある。そう考えると、結婚の際の夫婦同姓は日本では「家族の絆《きずな》のため」「伝統だから」当たり前のこととされてきたが、本当にそうなのかと疑問に思えてくる。

†たかが姓?

日本では法的な結婚をするためには夫婦同姓が条件となっており、妻と夫どちらの姓を選んでもよいことになっている。しかし実際には、夫の姓を選ぶカップルが大多数である。また「姓を変えたくなければ結婚しなければいい」という人がいる。「たかが姓、たいした問題じゃない」という人がいる。その人たちは当事者ではない。自分が姓を変えたことも、将来変える可能性もないから、自分ごととして考えたことがないのだろう。だから大変さが理解できない。

また「旧姓を通称使用すればいい」という人がいる。自社内など狭い世界ではなんとかなったとしても、社外や外国では通用しないことがある。その煩《わずら》わしさ、不利益の大きさはまさに当事者にしかわからないだろう。

姓を変えることは、物理的には、事務手続き上の膨大な手間とエネルギーが必要とされる。キャリアや社会活動においては、今まで築いてきたものをリセットする効果も伴うため、実際的な困難がつきまとう。その不利益を「慣例だから」「家族の絆のため」と社会全体が女性に押しつけることに、合理的な理由があるのだろうか。

メルケルは1991年から連邦女性・青少年大臣、1994年から98年まで連邦環境・自然保護・原子力安全大臣、さらに1998年にキリスト教民主同盟（CDU）の幹事長となり、着々とキャリアを積んできた。そして1998年12月30日に45歳で再婚し、2000年にCDU党首となる。もしメルケルが政治家になってから姓を変えていたとしたら、すんなり党首になれただろうか。まったくキャリアに支障はないと言い切れないだろう。2005年に首相となったが、もし再婚時に改姓を強いられていたら、そもそも再婚前の姓で首相職に就くことができただろうか。首相として500回以上外国訪問をしたがパスポート名と通称名が違うことに、外交上の不便はないだろうか。いちいち旧姓がメルケルだと説明しなければならないとしたら、本来の職務に支障が出ていたかもしれない。

しかしそのドイツでも、しばらく前まで夫婦同姓が法律で定められていた。日本の夫婦同姓の義務はもともとドイツから輸入されたものであるが、お膝元のドイツでは時代の変化を受けてとっくに撤廃している。現在は同姓、別姓、片方だけが連結姓と三つの選択肢がある。日本のような「旧姓の通称使用」という選択肢はない。

†夫婦同姓から連結姓、そして別姓が可能に

ドイツ語圏では12世紀ごろから姓を持つことが徐々に広まり、1875年に地域の役所での住民課の導入で姓名を書面で記録するようになった。姓の多くは職業（漁師、パン屋、裁判官、料理人など）をはじめ、父親または母親の下の名前、その人自身の特徴（小さい、長い、赤毛など）、出身地（州や地域の名称）、または居住地の特徴（山のそば、谷、石など）をもとにしている。

その後、1896年に制定され、1900年発効となった民法典により夫婦は共通の姓を持つことが法的に定められた。すなわち夫の姓が「家族の姓」とされ、妻は夫の姓を名乗らなければならない。戦後1957年になってやっと、妻は自分の姓と相手の姓をつなぐ連結姓が許されるようになり、1976～1977年の婚姻権改革によって妻の姓も「家族の姓」とすることが認められるようになった。すなわち現在の日本と同じく、夫の姓か妻の姓か選べるよう

になったのである。

しかしその後も「家族の姓」を夫婦で合意できない場合、夫の姓が「家族の姓」になると規定されてきた。1991年になって「自動的に男性の姓を家族の姓とするのは、男女平等を記した基本法第3条に反する」として連邦憲法裁判所が違憲とした。これにより、やっと夫婦別姓が認められるようになった。

それでも結婚の姓について定めた民法典第1355条第1項を見ると、「夫婦は共通の家族の姓（婚姻姓）を名乗るべきである。夫婦は自分たちで決めた婚姻姓を名乗る」と記されている。第4項には「自分の姓が婚姻姓とならない配偶者は、役所に説明することで、自分の生まれた時の姓を（中略）婚姻姓の前や後に付けることができる」と記されている。つまり、基本的には同姓を勧めるが、そうでない場合は連結姓や別姓も認めるというスタンスである。

†「姓はどうしますか」

ドイツでは結婚を決めるとカップルで役所に申請に行き、婚姻式のアポイントを取らなければならない。役所の職員の前で愛を誓って署名をして初めて、夫婦として公式に認められるからである。

申請の際、まず聞かれるのが「姓はどうしますか」である。①夫婦同姓、②夫婦別姓、③自分の姓にハイフンを入れて相手の姓をつないで連結姓にする夫婦別姓、の3種類の選択肢があるためである。そして「一度決めたら変更できないから、二人でよく考えなさい」と促される。私たちは結婚するのだ、と実感する瞬間である。

例えば女性ザラ・コッホさんと男性ペーター・シュルツさんが結婚した場合、次の可能性がある。

①夫婦同姓……姓はコッホ、またはシュルツのどちらかに統一
②夫婦別姓……それぞれ変更なし
③連結姓……ザラ・コッホとペーター・シュルツ－コッホ、またはザラ・コッホ－シュルツとペーター・シュルツという組み合わせ

連結姓では、自分の姓に相手の姓をハイフン（－）でつなげる。正確には「家族の姓」として共通の姓を決め、二人で「家族の姓」として決めた姓を持つ側は自分の姓のままで、そうでない姓のほうは自分の姓の前か後にハイフンを入れて相手の姓をつなげる。つまりカップルのうちどちらかだけが連結姓を使用する夫婦別姓となる。自分の姓が先にくるのが一般的だが、「家族の姓」を先にすることもできる。ドイツでは「首」「酸《す》っぱい」「小さい」など変わった姓があるので、つなげ方によって変な意味に聞こえるからである。夫婦とも連結姓にすることはできない。

†男性の9割は姓が変わらず

ドイツ語協会の2018年発表の調査によると、結婚したカップルの姓は夫の姓による同姓が74%、妻の姓による同姓が6%、別姓が12%、連結姓が8%だった。

連結姓の場合、夫の姓を「家族の姓」とし、妻が連結姓にする場合が88%を占める。つまり連結姓は8%だから、女性の姓を「家族の姓」としたのは1%にすぎず、残りの7%は男性の姓を「家族の姓」としている。すなわち男性の93(74+12+7)%が姓を変えておらず、女性の19(6+12+1)%と比べると、圧倒的に多い。実際ドイツに住んでいて既婚男性のほとんどが姓を変えていない印象があったが、現実はその通りなのである。一方、女性の8割は変えている。それはなぜだろうか。

私の周りでも、男性の姓を選ぶ女性は少なくない。会社員として役職に就いて仕事をばりばりしている友人が30代半ばで結婚したとき、相手の姓にしたのには驚いた。しかし、そういう例は少なくない。理由は「結婚したのだと周囲にアピールしたい」「同じにするのが当たり前」をはじめ、「自分の姓より響きがいい」などさまざまである。中には「結婚することによって、新しい人生を始めるのだ」と言う人もいた。みな、うれしそうだった。誰かから強制されたわけでなく、自ら選んだのだから、とても幸せなことだと思う。

ドイツ人の結婚カウンセラーによると「自分のアイデンティティと同じくらい、所属や社会的要素を大事と考えている人がいるのでしょう」とのこと。社会生活の中で、結婚したら相手の姓になることが幸せという刷り込みが無意識のうちに浸透しているようだ。ドイツのグリム兄弟がまとめたグリム童話のシンデレラや白雪姫のように、白馬の王子様に望まれて結婚すること、相手の意に添うことが女性としての幸福なのだという物語は、世界中で枚挙にいとまがない。

「外国人なので、ドイツ人の姓にしたい。その方が職探しなどで有利」という実際的な理由から同姓とした人もいる。姓は出身国を表す。外国籍の人や外国にルーツを持つ人が約2割いるドイツでは、外国の姓だと住居や職探しにおいて不当な扱いを受けることがある。特に400万人以上いるトルコ人などイスラム系や、東欧出身者の中にはドイツの姓にしたいという人が多いようだ。ドイツ人の姓を持つ利点は、外国人女性だけでなく外国人男性にとっても同じのはずだが、外国人男性で積極的に女性のドイツ姓を名乗ろうという人は少ないように感じる。

一方、別姓を選択した人からは「姓を変える手続きが面倒」という声や「仕事上の妨げになる」という意見を聞く。実際の生活で不便や不利益があるため、同姓にはしないというものだ。「そもそも、なぜ姓を変える必要があるのか理解できない」と言う人もいる。私の友達では「親からの姓を残したいと思った」と、別姓にした人がいた。彼女は一人っ子で、親戚も叔父一人しかいない。叔父に子どもはおらず、いとこもいない。親の姓を消さずに残しておきたいと別姓にしたが、自分の娘たちには夫の姓をつけたので、「結局、この姓は私の代で終わるけど」と少し寂しそうに語った。このように姓を引き継ぎたいと言う人も少なからずいる。

連結姓は「自分の姓を手放して相手の姓にするのは抵抗があるけれど、結婚しているのだから相手の姓も名乗りたい」という際に、よい選択肢だろう。旧姓宛てに郵便物がきても受け取れるなど、日常生活で便利な面もある。例えば日独カップルだと、ドイツ人の友達にはドイツ姓、日本人の友達には日本の姓というように使い分けている人もいる。その方が相手も覚えやすいようだ。しかし、いくら長い連結姓でも、職場や役所、病院などではきちんと正式名称を呼ぶ。私の同僚にも、連結姓の長い名前の人がいたが、周囲では両方間違えずに言うよう努力していた。親しくなると互いに下の名(ファーストネーム)で呼び合うようになるので、そうなったときはほっとしたものである。

もちろん選択肢があるだけに迷う人も少なくないだろう。夫婦で別姓としたが、子どもが生まれたら姓をどうするかは決めかねているという人もいる。

もともとドイツでは下の名を複数持つことが一般的なため、姓が複数になっても違和感はない。また、子どもにとっての祖父や祖母の名前をつける人もいる。他にも例えば、長男には二つ目のファーストネームは代々家系に伝わる名前をつけているという家庭もある。例えばマーティン・ハネス・ミュラー（ミュラーは姓）の父親はトーマス・ハネス・ミュラーであり、祖父はヨハン・ハネス・ミュラーという具合である。この方法は男女に関係なくつけることができる。

私はドイツ人と結婚したが、私が夫の姓にした場合、日本語で書くとカタカナになってしまう。見知らぬ人にまで配偶者が外国人であることを宣言するようなものであり、それは避けたいと思った。そもそも姓を変える理由も見つからない。相手も同様の考えだったため、すんなり別姓となった。けれど、もしお互いに相手の姓を自分の姓の後ろにつける連結姓が可能だったら、そうしていたかもしれない。つまり、山田さんが鈴木さんと結婚して連結姓とする場合、「山田、鈴木－山田」または「山田－鈴木、鈴木」のどちらかの組み合わせになる。「山田－鈴木、鈴木－山田」という組み合わせはできないのである。

2　多様化する結婚のかたち、家族のかたち

✝子ども同士の姓は統一

夫婦同姓、または連結姓の場合、姓を変えなかった人の姓が「家族の姓」となり、生まれた

子どもはその姓を名乗ることになっている。別姓が可能となった直後は別姓でも結婚の際に「家族の姓」を定めるよう規定されていたが、現在はなくなった。子どもが生まれた時点でどちらの姓をつけるかを決める。子どもに連結姓をつけることはできない。

上述の例では、山田さんが鈴木さんと結婚して連結姓となったとき「山田、鈴木‐山田」の場合子どもは山田の姓、「山田‐鈴木、鈴木」の場合は鈴木の姓を名乗ることになる。子どもが複数いる場合、子どもたちの姓は統一される。

知り合いの別姓カップルに聞くと、「じゃんけんで決めた」という人もいれば「自分は産んだけれど、夫は産んだわけではないので夫の姓にした」「なんとなく、話の流れでそうなった」という人も。もちろん、「代々続く姓を引き継がせたいと思った」という意見もあった。また片方が外国人の場合は「ドイツで生きていくのだから、ドイツの姓の方が社会に溶け込みやすいだろう」という考えの人もいる。どちらの姓にするか迷い、夫婦で時間をかけて話し合ったという人もいた。

私には息子が一人いるが、生まれた時、どちらの姓をつけるか決めなくてはいけなくなった。どちらでもいいと思ったが、相手の姓はギリシア系で長く発音しづらかったので、「タグチの方が短くていいね。たまごっちみたいでかわいいし（たまごっちはドイツでも有名）、イタリアっぽくも、国籍不詳にも聞こえるし」ということになった。親族に相談することもなく、二人で合理的な理由をもとに私の姓に決めた。日本の両親はわかりやすいと喜び、相手の親は初孫だったのでちょっとがっかりしたようだ。息子を日本の幼稚園に短期間入れた時、日本の姓だったので、変な顔をされたものである。国際結婚なのに外国の姓じゃない、と思われたらしい。その幼稚園には他にも夫が外国人で妻が日本人という国際カップルの子どもがいたが、確かに外国の姓だった。

子どもと姓が違うと、親子と証明するために子どもの出生証明書、または住民票（子どもと同居している場合）を携帯する必要がある。特に飛行機に乗る場合は、証明書を求められることがある。姓が違うためパスポートだけでは親子と証明できないからだ。私の場合もまだ子どもが小さかったころ、夫が子どもと二人で飛行機に乗る際に出生証明書を持っておらず、飛行場の担当者から確認の電話がかかってきたことがあった。口頭で説明し、ことなきを得た。このような出来事に、別姓は不便ではないかという人がいるかもしれないが、特になんともない。書類主義のドイツでは、ことあるごとに証明書で身分を証明する機会があり、特別なことではない。

ドイツでいいなと思うのは、親子の姓が違うことは珍しくないため、奇異な目で見られることがないことである。子どもの学校の名簿には保護者の名前が並んでいるが、親同士の姓が違ったり、親子で姓が違っていたり、さまざまなパターンがある。別姓婚やひとり親世帯、パッチワークファミリー（離婚・再婚などで様々な血縁関係を含む家族）、事実婚などいろいろな家族形態が混在しており、人それぞれである。姓が違うために家族の絆が薄まるという話は聞かないし、「別姓で子どもがかわいそう」という人もいない。「親が結婚していないから、かわいそう」「片親でかわいそう」という声もないのだから、当然である。単身世帯でなければ、表札に複数の姓が並んでいるのが主流である。

†夫婦で納得して決めること

ドイツではアドルフ・ヒットラーによるナチス政権の教訓から、物事を鵜呑《うの》みにせず、自分の頭で考える教育が重視されている。歴史や公民の授業でもただ暗記するのではなく、出来事の背景を理解し、その上で自分だったらどうするか議論しながら考える。私が住むドイツ北部のハノーファーで生まれた哲学者のハンナ・アーレントがいうように、第二次世界大戦中にユダヤ人虐殺が可能となったのは極悪人がたくさんいたからでなく、ごく普通の市民が何も考えずに国や上司の命令に従ったためという「悪の凡庸《ぼんよう》さ」にいきつく。その教訓から、ただ従順であるのではなく、自分で判断する力を養うことが過ちを繰り返さないことにつながる。以前、高校生の歴史の授業を見学したが、第一次世界大戦の前線で戦う若い兵士が生死の合間に家族に書き送った手紙をみんなで読み、それを通して戦争について考えるというものだった。生徒たちが活発に発言していたのが印象に残っている。

このようにドイツでは自分の意見を言い、討論することを、子どものころから訓練されている。意見の違いがあっても、そのテーマに関することであって個人的なわだかまりとはならない。議論をするのが好きなのである。テレビでも討論番組が多くあり、政治家や活動家、市民、学識者が議論の花を咲かせている。議論することは、他人の意見を聞いて尊重するという姿勢にもつながる。

そのためか、世間や慣習という社会的圧力が、日本と比べてずっと少ないように感じる。個人主義が強く、「家を背負う」という感覚が少ないこともあるだろう。親や親戚、知り合いなど周りがあまり口を出さない。正義を振りかざすような紋切り型の押し付けがないから、自由に生きやすい。だから結婚する際の姓についても、夫婦で率直に話し合うことができる。大事なのは二人で納得して、決めることである。

ちなみに、私は裁判所や企業、自治体などさまざまな場所で通訳をしているが、日本からの人たちに独身だと思われることが多い。「外国に住んでいるから結婚相手はドイツ人のはず↓なのにドイツの姓じゃない↓じゃあ独身だろう」という先入観があるらしい。日本には夫婦同姓しかないから無理ないのかもしれないが。別姓ですと言うと驚かれ、子どもも私の姓というと、再び驚かれる。

†決めたら一生もの

一度決めた姓は結婚の形態が変わらない限り変更できず、子どもの姓もよほど深刻な理由がない限り変えられない。例えば離婚した妻が自分は旧姓に戻すことはできるが、同居する子どもを同じく旧姓とすることはできない。日本のような旧姓の通称使用がないのはもちろん、他国にあるような別姓ながら夫の姓を通称的に使用するのもまず聞かない。法律重視で決められたことはきちんと守るドイツ人らしいところである。

また結婚で相手の姓にした場合、メルケルのように離婚したり、また死別しても、家族の姓はそのままである。旧姓に戻したければ、役所で手続きをする必要がある。一方、日本では、離婚すると旧姓に戻ることが多い。婚姻姓を保持したければ、手続きをしなければならない。つまりドイツと日本は対応が正反対であり、両国の結婚に対する考え方を端的に反映していると感じる。

結婚とは関係がないが、姓の変更は誰もが認める正当な理由があるときのみ認められる。本人の不利益を排除する場合などで、例えば知り合いで姓がトイレの「ＷＣ」に似ている人がおり、変更の申し立てをして変更が認められた。

†家族の形はさまざまでいい

ドイツは移民が多く、難民もたくさん受け入れている。それを反映して、社会にはいろいろな人種がいる。ドイツで生活する外国人はドイツ語を習得する必要があるが、ドイツ語を学ぶにはまず母語が基本という認識がある。つまり、母語が確立していなければ外国語を学ぶのは難しいという考えである。そのため幼稚園や学校では、移民のルーツを持つ人たちは家庭で母語を話すことが推奨されている。教育は州の担当になるため州ごとに違いがあるが、私の住むドイツ北部のニーダーザクセン州では、小学生を対象にスペイン語、ギリシア語、トルコ語、ベトナム語、日本語など約20の言語の授業がある。いわゆる母語の授業であり、学校の授業の一貫との位置付けなので、通信簿に成績が載り、もちろん無料である。息子のパパはドイツ人とギリシャ人のハーフなので、息子は日本、ドイツ、ギリシャの3国籍を持っている。私とは日本語のみ、パパとはギリシャ語のみで会話し、保育園や学校はドイツ語という環境で育った。ギリシャ語は6年生まで授業を受け、日本語は9年生となった現在も続けている。ドイツ生まれドイツ育ちなので、もちろんドイツ語が一番できるが、『ハリー・ポッター』は日本語、ファンタジー小説『エラゴン』はギリシャ語で読むという具合で、母語は三つある。このように複数の母語を持つバイリンガル、トリリンガルの子どもは珍しくない。

幼稚園でもドイツ以外の国出身の子どもたちに、親子でドイツ語の日常会話を学ぶコース「リュックサックプログラム」があった。言語だけでなく、ドイツの生活習慣についても学べるため、ドイツ社会への窓口になっているほか、似たような境遇のほかの親子と知り合うこともでき、とても有意義な取り組みだと感じた。

息子は現在中学2年生だが、息子のクラスでは両親とも生粋のドイツ人はせいぜい4分の1だろう。ほとんどの子どもはドイツ生まれなのでドイツ国籍を持っているが、移民の子だったり、ハーフだったりさまざまだ。親の出身国を反映して姓もバラエティーに富んでいる。都会ほど外国人のルーツを持つ人の割合が高いようである。

知り合いの女性は結婚して、相手の姓を自分の姓の後ろに付ける連結姓とした。その後夫と別れ、子どもを引き取ったが、「家族の姓」は夫の姓としていたため、子どもは夫の姓となっている。現在は新しいパートナーができ同居しているが、自分は元の夫の姓を重ねた連結姓、子どもは元夫の姓、パートナーは出生姓と三つの姓が表札に並んでいる。しかし、これは珍しいことではない。

欧州では離婚しても親権は両親ともに持っているのが一般的であり、子どもは両親のもとを行ったり来たりする。以前は母親のところに住み、2週間に一度の週末を父親のところで過ごす形がよく見られた。しかし最近は週替りで父親と母親のところで過ごすなど生活の土台を半々にするケースもよく見られる。これは父親のワークライフバランスが取れていることが前提だろう。このようなケースの場合、子どもの姓は父親、母親の両方の家の表札に掲げられている。

†結婚は人生一度きりとは限らない

私はドイツで、子どもの保育園時代から仲良くしているママ友が10人ほどいる。子どもを1歳半から保育園に入れただけあって、みな働くママたちである。そのうち事実婚が1人、離婚が2人、別居中が1人。残り6人は結婚生活を継続中だが、夫の愚痴がよく出るのが5人、1人だけ夫にベタ惚れである。これはドイツの平均的な様相を凝縮していると感じる。新しいパートナーがいる人もいるので、そのうち再婚するかもしれない。

社会学者の上野千鶴子氏の1989年の論考によると、夫婦同姓の条件の一つは「結婚が生涯でただ一回で、かつ不可逆的な地位の移行だと考えられていること」だという。結婚は人生に一度きりのできごとで、破綻《はたん》や再婚を前提としていない。だから姓を変えるという大それたことを、女性に強いるのである。相手の姓を名乗ることにより、相手の家族の一員に組み込まれ、実家と引き離される心理的影響は計り知れない。しかし日本では昔は女性は若くして結婚し、結婚後に外で働くなど自分の名前で社会活動をするのは例外的であったため、この制度が通用したのだろう。

しかし、現在は違う。ドイツの国の統計によると２０１０年代、結婚したカップルの２・４組に１組が離婚している。１９５０年代は12組に１組だったから５倍近く増えている。ドイツで離婚するには弁護士を立てて裁判所で財産分与や養育費年金など配分を決めるため、時間もお金もかかる。それもあって事実婚を選ぶ人も多い。子どもが生まれてから結婚する人もいれば、生まれても結婚しない人もいる。事実婚の場合でも子どもの姓はパパ、ママ、どちらでも選べる。

友人の中には長らく事実婚だったが、子どもが13歳になってからやっと結婚したという人がいる。理由は「20年間一緒に暮らして、これからも一緒にいられる確信が持てたから」とのこと。またドイツでは65歳までに結婚していないと、のちのち遺族年金がもらえないので「結婚という法的制度を拒否してきたけど、私が先に亡くなったら夫の生活が心配だから結婚することにした」という50代の介護士の女性や、お互い定年退職が近くなった60歳前後で結婚した同性婚のカップルもいる。彼らはみな別姓である。年配で結婚する人たちは別姓が多い印象だ。結婚は他人に見せるためにするのではなく、本人が幸せと感じる形を取っただけ。姓が変わることで詮索されたり、質問されたりする煩わしさはいらない。

†外国人差別と姓の関係

企業では社員を雇う時、基本的にまずドイツ人を採用することになっている。適当な人がいなければEU市民から探す。それでも見つからなければその他の国籍の人が対象となる。もともと欧州は陸続きのため民族が入り交じっており、ドイツ系の姓でないからといって外国人と決めつけることはできない。ドイツ国籍を持っていればドイツ人である。しかし姓により本来の出身地を推測できることから、一方的に外国人扱いされる場合がある。

ドイツは戦後、トルコからガストアルバイター（出稼ぎ労働者）を多数受け入れた。いずれ母国に帰ると思っていたがそうはならず「やってきたのは労働力でなく、人間だった」と言われるように、ドイツに定住した。現在は2世や3世、さらに4世の代となっており、彼らはドイツ生まれ、ドイツ育ち、ドイツ国籍、ドイツ語が母語である。故郷はドイツだが、ただ見かけと名前がトルコ系のため、いわゆる生粋のドイツ人とは違って差別的扱いを受けることが多々ある。これは同じくスペインやイタリア、ギリシャなど他国からの出稼ぎ労働者にも当てはまる。EU加盟によって行き来がしやすくなった東欧の人々も、差別的な扱いを受けることがある。そのため、ドイツ人と結婚したらドイツ人の姓を持とうとする人もいる。

3　制度の枠組みが男女平等を後押しする

†男女ともに求められるワークライフバランス

最近よく、平日の午前中に赤ちゃんを連れた男性を見かける。10年前よりは明らかに増えた感がある。抱っこ紐に赤ちゃんを抱えた男性同士が散歩していることもあれば、スマホを見つつ一人でベビーカーを押す男性も。会社勤めをしていると育児休暇中は夫婦で手取り給与の67%が最大14カ月間もらえるが、一人がもらえるのは最長1年まで。そのため多くは母親が1年取り、残りの1～2カ月を夫が取るのが、ごく一般的となっている。

前述のママ友の勤務先は幼稚園や介護施設、学校、大学の学食、葬儀屋、鉄道会社などさまざまである。学食に勤めている一人は、その前はカフェの店長をしていた。スーパーで働く友人は以前は出版社にいたし、訪問介護をする友人は以前は印刷会社で働いていた。ずっと同じ幼稚園で働き続けている人もいれば、職業訓練を受け直して別の業種に移った人もいる。

ドイツには派遣労働はあるが、日本のようないわゆるパートタイムはない。日本では正社員と非正規雇用の格差が大きいが、ドイツは小さい。もともと退職金はなく、ボーナスもほとんどないので（あるとしてもクリスマスと夏にそれぞれ半月分程度）、長く同じ会社に勤めるメリットは大きくない。だから男女とも、人生の変化に合わせて、よりよいポストを探して転職するのが一般的である。転職の際は最初に給与の交渉をするか、会社によって給与レベルが業務別に明記されているところはそれに従う。正社員としての勤務が基本である。フルタイムの労働時間は週35〜40時間が一般的だが、半分や4分の3を労働時間とする契約もよくある。その場合、割合によって給与額が減るため、日本のパートのように激減したり、待遇が大きく違ったりはしない。もちろん派遣だと正社員よりは給与は少ないが、2年同じ職場にいると会社は正社員として雇わなければならないため、正社員となる人も少なくない。

もともとドイツでは朝早く仕事を始めて、夕方早めに終わる。業種や季節にもよるが、残業はあまりなく、急な残業は拒否できる。管理職と平社員の区別がはっきりしており、平社員は自分の業務を時間内にさっさと終えて帰宅するため、上司がいるから早く帰れないということもない。だらだら仕事をしているのは、効率が悪い証拠とみなされる。有給休暇も全日消化が義務であり、取れない場合は上司の管理能力が問われるため、年初めに1年分の有給休暇（25日から30日程度）の取得時期を社内で調整しておく。

例えば朝8時に仕事を始めると、お昼休みが30分なら4時半には終了である。フレックス制度が普及しているため、月曜日から木曜日に30分から1時間長く働き、その分金曜日は半ドンとする人も多い。残業代が支払われるのではなく、各人が「時間口座」を持ち、残業時間を貯めておく。そして子どもの送り迎えや病院など用事があるとき、そこから数時間単位で休む。8時間溜まったら1日休むこともある。仕事がないときはマイナス時間とするなど調整弁となっており、フレキシブルに対応できる。もともと各人に与えられた仕事の内容がはっきりしているため、自分の裁量やペースで仕事がしやすい。

私も日本とドイツで会社勤めの経験があるが、日本では1週間の休みを取るにも苦心したが、ドイツでは毎夏3週間休みが取れるのは最高だった。日本では一生勤め上げても取れないだろう。朝7時に業務を開始すれば4時ごろには終わるため、男性も子どもの習い事の送り迎えや家庭仕事、趣味やスポーツなど平日でもできることがたくさんある。同僚と仕事帰りに飲みに行くということもまずないから、夕食は毎晩家族でとる。個人的な友人と飲みに行くなら、夕食が終わってから飲みに行く。（つまみなしで、ビールをひたすら飲むのがドイツ流）

ドイツの職場を体験して感じたのは、職住が近く、残業がなければ男性が家庭生活に十分参加できるということだ。女性に男性並みの働き方を求めるのではなく、男女とも家庭と仕事のバランスが取れるしくみを実現すれば、大方の問題は解決されるのではないか。女性の置かれている状況を男性が理解すること。それは選択的夫婦別姓の導入に通じると思う。

†法改正で女性の地位向上を後押し

ドイツでは長らく中絶は法律で禁止され、破ると罰則があった。そのため望まない妊娠をした女性はフランスなど隣国で人工妊娠中絶の手術を受けたりしていた。1992年6月、キリスト教民主同盟（CDU）の女性議員リータ・シュースムートは、妊娠3カ月までは自分の意思で中絶するか否かを決めることができるよう中絶禁止法を撤廃させた。

シュースムートは1985年に議員となる前は、研究機関「女性と社会」の代表を務めており、政治家となってからも一貫して女性の地位向上に尽力してきた。女性が家庭で家族の世話をするだけでなく、社会に出て働くことを勧め、良き妻良き母としての型にはめた役割を押しつける風潮を変えようとした。現役を退いた現在でも、自身の公式サイトに「女性の役割の変化は、社会的な改革と同義だ」と記している。1985年連邦若者・家族・女性・健康省の大臣としてドイツで女性初の大臣を務めたほか、1988年から98年までドイツ連邦議会議長を務めるなど自身の活躍も画期的だった。同じ党内で友好があったメルケルは、1991年から94年まで連邦女性・青少年大臣を務めている。

ドイツでは婚姻している他人と性的関係を持つ姦通罪《かんつう》は長らく犯罪であり、不倫が見つかると刑務所に入れられる恐れがあった。刑罰が撤廃されたのは、1969年である。さらに19

77年、姦通や浮気は離婚裁判の焦点にならないとされた。つまり浮気が原因で離婚しても、その責任を問われないのである。またレイプに対する罰則はあったが、長らく夫婦間では適用されなかった。それが1997年、夫婦間でもセックスの強要は犯罪となった。このように女性の尊厳を重視し、徐々に法律が改正されてきた。

現在では離婚に際して理由は問われず、日本のように浮気した人やその相手に慰謝料を請求することも認められない。大人なのだから結婚生活破綻の原因はどちらにもあるという考え方からである。離婚には最低1年間は別居していなければならず、どちらかが裁判所に離婚申請をしたら必ず離婚となる。日本のように片方が同意しないためずっと離婚できないということはない。裁判所で詳細を決めるため離婚裁判は最低半年、もめていると数年かかる。結婚中に築いた財産を半分に分け、年金の分配や生活費の支払い、子どもの養育について詳細な取り決めをする。そのため、夫の不払いなどはなく（国が立て替え、夫から取り立てる）、専業主婦のような経済的弱者も路頭に迷わずにすむ。ドイツで離婚率が高いのは社会福祉が充実しており、「生活のために離婚できない」ということがないからだろう。

知り合いでもシングルマザーに限らず収入が少ない人は、国から生活費の補助を受けている。家族の数に応じて最低生活費の額が決められており、不足分が補助されるのである。夫からの生活費が受け取れない場合、または少額の場合も、国が足りない分を補塡《ほてん》する。別に恥ずかしいことではない。働けないうちは国に頼っていいのであり、働ける環境が整えば働けばいいのである。女性に限らず、弱者を守る制度が整っていて安心できる。

†女性の割合を決めるクォーター制

知り合いの大学教授の男性は、ある学術団体で役員をしていたが、「女性比率を上げるために新年度から退いてくれ」と言われた。新役員にはスカーフをかぶったイスラム系の女性が就任したが、彼女は自分の能力でなく女性ということで選ばれたことを知り、不快に思ったらしい。しかし、それは彼女に与えられたチャンスでもある。従来なら決して回ってこなかったポストが手に入ったのだから。このように企業や組織の役員は一定の割合で女性であるべきという「常識」が、徐々に広まっている。男性社会では男性同士でお互いをサポートするなど出世しやすいが、少数派の女性には支援してくれる人が少なく不利である。昔ながらの「女性は一歩下がって男を立てるのが美徳」という意識から抜け出せない男性も多々いるだろう。そのため、女性たちに活躍できる環境を整えるのは意義がある。

女性役員の割合を産業界や政界で決めるクォーター制は、一部で義務化されている。上場している大企業108社（社員2000人以上）では2016年から、役員の3割を女性とすることが義務づけられている。さらに約3500社は、自主的に女性の割合の目標を定め、達成努力をしなければならない。徐々に中堅企業や公的機関にも広がっており、政治や経済活動の場で女性の活躍が増えている。２０２１年から大企業においては役員数が３人以上の場合は少なくとも１人は女性とすることとされた。

「形から入る」という言葉があるが、枠組みを整えると、物事が進展することがある。女性の割合を決めるクォーター制や選択的夫婦別姓で環境を整えることは、対等な男女関係そして女性の地位向上を後押しするのではないか。

最新の世界経済フォーラム（ＷＥＦ）による「ジェンダー・ギャップ指数」では、世界１５６カ国中ドイツは11位、日本は１２０位だった。列国議会同盟（ＩＰＵ）によると２０２０年、国会議員における女性の割合は世界平均25・5％。ドイツは31・2％（49位）で、日本は９・９％（１６６位）だった。ＥＵのフォン・デア・ライエン欧州委員会委員長も、ドイツ出身の女性政治家である。メルケル内閣では閣僚16人のうち7人が女性だった。緑の党はメルケル前首相の後任として40歳の女性アンナレーナ・ベアボックを擁立していた。残念ながら及ばなかったが、緑の党は若者を中心に票を伸ばし、連立政権の要を担うまでになった。

もちろんドイツとて完璧ではない。女性の割合を定めたクォーター制は中小企業には義務化されておらず、男女の賃金格差も問題である。育児休暇を取ったり、短時間勤務をすると出世街道からはずれやすいともいわれる。しかし25年ドイツに住んでいるが、女性を年齢や外見で枠にはめるようなことが少ないと感じる。個々が多様であることを許容する社会だから、外国人である私もこの地で普通に暮らしていけるのである。

†選択的夫婦別姓は、男女平等への第一歩

日本では若い女性、また「物申さない」控えめな女性が好まれていると、里帰りするたびに実感する。科学番組でもドイツなら女性の科学者や司会者がばりばり発言しており、日本のように若い女性が年配男性の解説に「えー、そうなんですか」と相槌を打つだけという光景はほとんど見ない。そのような光景があちこちで繰り返されることで、それが当然という刷り込みが社会全体に広まる。

一般企業でも日本では受付や秘書は若い女性であることが多いが、ドイツは違う。年齢や容姿は関係なく、これまでの職務経験と能力で仕事が決まる。日本では女性は30歳を過ぎると転職しようにも正社員の口が見つかりにくいと聞くが、ドイツでは年齢は男女とも日本ほど重視されない。新卒で就職する際も、大学名でなく勉強した内容と卒業時の成績をチェックされる。会社に入ってから教育するのではなく、すでに教育を受けた人を求めるからである。

前述した通り、ドイツでは連邦憲法裁判所の判断「自動的に男性の姓を家族の姓とするのは、男女平等を記した基本法第3条に反する」により、1991年から夫婦別姓が認められるよう

になった。男女平等の観点が、夫婦別姓を可能にしたのである。この判決の意味は大きい。同姓の場合は男女どちらの姓を選んでもよいことになっているが、実際には女性が社会的圧力や慣習により改姓を強いられている。その事実を認めた上での判定だったからである。

もし日本で別姓が可能になっても、別姓にする人は少ないだろうと思う。これまでに培われてきた思い込みや慣習というのは思いのほか根強いからである。ドイツでは20年前から別姓が可能だが、先にも述べたようにいまだ全カップルの12%と少数派。一方、同姓にして男性の姓を選ぶカップルが74%にのぼる。「家族の姓」として妻の姓が選べるという法改正直後の1976年は、男性の姓での同姓が98%だったから、徐々に意識の変化は進んでいるのがわかる。

結婚して夫婦の姓をどうするかについては、各人にそれぞれの事情、また考えがある。大事なのは話し合い、二人の自由意志で決めることである。名前を選ぶことは、人生の形を選ぶこと。不本意なことを強いられることなく、多様な意見が尊重される社会は誰にとっても生きやすいはずである。

旧東ドイツ育ちのメルケル前首相は、1989年東西ドイツの壁が壊れたのを機に政治の道に入った。1998年に現在の夫ヨアヒム・ザウアーと、それぞれ40代での再婚をし、夫婦別姓とした。日本のように夫婦同姓しかないなら、国民のお母さんとして慕われていたのは「メルケル首相」ではなく「ザウアー首相」だったかもしれない。

婚姻と姓	子どもの姓
結婚は個人の姓名に影響しない。正式な姓名は出生証明記載のもの。長らく非公式には妻が夫の姓を名乗ることは多かった。	父の姓のみだったが、父母のどちらかの姓、併記姓から選択可（出生届時点）。順番に合意できない場合はABC順、同じ両親の複数子の場合は第一子で決めた姓に。

第4章 ベルギー 家族の姓はバラバラが「普通」

筆者＝栗田路子（くりた・みちこ）

EU主要機関のある欧州の小国ベルギー在住30年。上智大学卒業後、米国とベルギーの大学院にて経営学修士号取得。コンサルタント、コーディネーター業の傍ら、朝日Web論座、共同通信47NEWSなどの他、環境や消費財関係の業界誌などに執筆。得意テーマは、人権、医療倫理、LGBTQ、気候変動など。海外在住ライターによる共同メディアSpeakUp Overseasも主催する。共著に『コロナ対策 各国リーダーたちの通信簿』（光文社新書）がある。

1　旧姓と改姓のあいだにある深くて長いトンネル

†初婚で感じた「ためらい」の正体

ベルギーでは「婚姻は姓に何の影響も与えない」と知った時、私はBravo!（やったあ！）と心の中で叫んだ。というのも、日本人の前夫と結婚した時、そして、結婚3年足らずでその夫に先立たれ、米国留学を経て、ベルギー人と再婚することになるまで、私は自分の姓がころころ変わることによる不便を、何年にもわたって、思いきり味わわされてきた当事者だったからだ。

日本人の前夫と結婚したのは、1980年代後半だった。多少のためらいはあったものの、世の慣習に逆らうこともなく、新しい戸籍を作り、「筆頭者」の欄は夫の姓名とした。あの時の「ためらい」は何によるものだったのだろう。栗田という姓に特にこだわっていたわけでもなかった。客観的にみて、夫の姓の方が歴史や格を感じさせる姓だった。二人姉妹だった我が家では、両方とも結婚してそれぞれ夫の姓を選択すれば栗田姓は途絶えることになるが、両親も姉も、そのことへの執着は全くないようだった。それでも、結婚までの人生を、「栗田さん」と呼ばれて「はい！」と答えて生きてきたことで自分の一部となってきたこの無形遺産のようなものを、結婚によって削《そ》ぎ取られるのも、脱ぎ棄《す》てるのも本意ではないと感じた。

１９７０年代あたりから、私には夫婦別姓を求める声が聞こえてきていた。１９７９年に国連の女性差別撤廃条約が採択されると、日本も１９８５年にこれを批准。大学在学中に米国に留学したり、卒業後、外資系企業に就職していた私の周りには、外国で結婚したり、相手が外国籍のために、結婚後も自分の姓を保ち続けている人も少なくなかった。結婚しても自分の姓を名乗り続けたいと公言する人もそれなりにいた。榊原《さかきばら》富士《ふじ》子《こ》弁護士らが、「夫婦別姓を進める会」を発足したことを知って、結婚しても自分の姓をキープできるようになる日はそう遠くないとうっすら感じていたのだと思う。

キャリアと言えるほどのものではなかったが、人並みに仕事を持っていた私は、いよいよ結婚が具体化すると、姓を変えることで、名刺を作り替え、それほど親しくもない仕事関係の知り合いに「結婚した」というプライバシーをさらけ出さねばならないことを快くは感じなかった。その頃には、仕事では通称として旧姓を使用するという女性が周りでぐんと増えていたので、自分もそうすることで、自分の中のもやもや感を納得させ、夫の姓を夫婦の姓として採用した。

自分の中ではなんとか整理をつけたものの、そして仕事関連のやり取りでは通称でしのげたものの、給与振り込みの銀行口座、クレジットカードの名義などはただちに変更しなければならなくなった。そして、それらが保険証、運転免許証など身分証明書となるものと整合性がとれなくなることは、社会的に機能不全に陥ることに次々気づき、必須のものから名義変更の手続きをとった。スポーツクラブの会員証だの、ポイントカードなどまで入れればありとあらゆるものの辻褄《つじつま》が合わなくなったが、まずは緊急性・重要性の高いもの、更新期限が近いものから手を付けるしかなかった。

「アイデンティティの喪失などは気持ちの問題だ」「結婚・改姓による名義不一致は一過的なことで特段の不都合ではない」と切り捨てる日本の裁判官や政治家の方々は、当事者ではなくても他人の立場に立って共感する力「エンパシー」が欠如しているとしか思えない。度重なる手続きは煩雑《はんざつ》で、長いトンネルの先の明かりはなかなか見えなかったが、そのトンネルの闇がさらにどんどん続くことになるとは、その時点では思ってもいなかった。

†「旧姓」は、国外に一歩出れば通用しない

ここまでは、国内で日本人と結婚した場合でも普通に起こりうる不都合だった。ところが、国外に出て、勉学、仕事、さらに婚姻ということになれば、気の遠くなるほどの不都合に遭遇し続けることになった。

後回しになっていた生命保険や住宅ローンの契約者・受取人氏名、そしてパスポートの名義などを変更しなければと思っていた矢先、夫はあっという間に他界してしまった。戸籍上では、両親の戸籍に戻るという選択肢もあったが、突然未亡人となり身の振り方を決めかねていた私は、当分は亡夫が筆頭者の戸籍に残ったまま、正式には夫の姓を、社会生活では旧姓を通称として名乗り続けた。

転機は思いのほか早くに訪れた。私を示す姓名がさまざまな書類上で整合性がとれるようになる前に、米国の大学院に留学することに決めた。受験勉強を開始し、何回も国際共通テストを受け、日本の大学の卒業証書などの英語版を取り寄せ、口座残高証明だの、無犯罪証明だのを取り寄せて願書に含めて提出するには数年を要した。始めた時点では、パスポートは旧姓だが、口座名義やクレジットカードは結婚姓。TOEFLなどの共通テストは日本における正式名（結婚姓）、日本の大学の卒業証明書は旧姓、願書や航空券はパスポートと一致した旧姓だが、支払い名義は結婚姓……。いざ渡航する頃には、夫の死後に更新時期が来た免許証やパスポート名義を「結婚姓」に変えることになった。

国内なら「○○が結婚姓で、旧姓を通称使用していたら、夫が亡くなって、その後にパスポートが更新されて……」と説明すれば済む。一度国外に出れば、こんな「井の中の蛙《かわず》」的な説明は通用しなかった。パスポート記載の姓名と署名は、本人と整合性がとれなければ、飛行機に乗ることも、ホテルに泊まることも、大学に正式入学することもできない。なにせ、夫婦同姓を法で強制している国も、戸籍という仮想「家」制度もない欧米で、どうしたらこの整合性不備を、合法的に正当化できるのだろう。

通称使用は、ペンネームなどを含め、欧米社会でもいくらでもある。だが、あくまで「通称」であって、正式文書には登場しない。国内法の裏付けのない旧姓使用だが、日本国内なら口先の説明でまかり通る。ただ、一度国外に出れば、日本では中途半端に容認されているという曖昧な事実を、どうすれば証明できるというのだろう。「夫婦は、婚姻の際に定めるところに従い、夫又は妻の氏を称する」と定める現行民法750条に明確に違反している通称使用を、外国で法的に説明する根拠はない。

さて、米国留学の後、縁あってベルギー人と再婚することになった私だが、再婚に際しては、母のたっての希望を聞き入れて、栗田に「復氏」することにした。結婚によって変わった「氏」を元に戻すという正式手続きがあることをこの時初めて知った。

ところがこれが、正式書類上の意味不明に輪をかける結果となってしまった。復氏と再婚の届け出を済ませた後、しばらくして取り寄せた戸籍謄本《とうほん》はこんな記載になっていたのだ。

戸籍筆頭者の氏名：栗田路子

昭和X年X月X日：父からの出生届により入籍
（この間の出来事は無記載）
平成3年Y月Y日：ベルギー人と結婚届。○○△△（前夫の氏名）戸籍から入籍
平成3年Z月Z日：婚姻前の氏に戻す届。○○（前夫の氏）路子戸籍から入籍

「戸籍法」の記載ルールに従うと、これで正しいのだという。でも、最初の結婚で前夫の戸籍に入ったことも、その夫が亡くなった事実も書かれていないのに、どこの誰かもわからない人の戸籍から入籍して結婚し、その上で結婚前の姓に戻したと記載されている――こんな戸籍謄本は日本人だって理解に苦しむだろう。そもそも戸籍というものがない外国だと、公文書の改《かい》竄《ざん》や隠蔽《いんぺい》を勘繰られても仕方のない支離滅裂なものだ。説明不能な公式文書が自分の人生に付きまとうことを呪《のろ》い、かなぐり捨ててすっきりしたいと感じた。

こんな不都合に遭遇する人は希《まれ》だから考慮に値しないと裁判所や夫婦別姓反対派は言うのだろう。だが、外国に出る日本人ばかりでなく、日本に来る外国人も桁違いに増えている。国際結婚も、外国での結婚も離婚も再婚も珍しいことではなくなっているはずだ。そのたびに、何かしらの不都合に遭遇する人がいる。そういう人々が、無視できない数となっていくことだろうと予感した。

2　出生証明の名前が一生ものの国・ベルギー

†ベルギー社会は多様性の縮図

煩雑な手続きと使い分けの不都合を嫌というほど体験し、日本の常識が通じない世界で、自分の姓や戸籍記載の正当性を孤軍奮闘してきた私だから、ベルギー人の今の夫と再婚することになって、自分の姓をこれ以上いじくりまわす必要がなく、いつまでもずっと「栗田路子」でいられると知った時、全身から力が抜けてとろけてしまうほどほっとした。ベルギーという国では、個人の正式な姓名は出生届に書かれていたもの。婚姻は個人の姓名に何の影響も与えない。ベルギー人同士であっても、外国人が関わる婚姻であっても、同じことだ。

私が人生の後半を「栗田路子」として生きることになったベルギーはどんな国なのだろう。ベルギーは西から反時計回りにフランス、ルクセンブルク、ドイツ、オランダ、さらに北海を隔てて英国に囲まれた欧州の小国だ。このあたりに人類が定住したと推定されているのは、新石器時代（紀元前5000年頃）のこと。以降、長い歴史を通して、四方八方の欧州強豪勢力がやってきたことから、欧州の十字路とも呼ばれてきた。その結果、政治・経済・文化などの面で、様々な影響を受けながら今日に至っている。

ベルギー、特に首都のブリュッセルには、今日、EUの主要機関とNATO本部、それらに働きかけたり連携したりする世界中の機関が2000以上もある。同時に欧州の他の都市同様、植民地支配の歴史や国際的な紛争の影響で、アフリカや中東からの移民も多く、特に首都近郊では外国人比率が極めて高い。異なる国籍の人々の間での結婚はあまりに普通のことで、日本でいうような「国際結婚」という概念はない。同じアパートには、様々な「外国人」が住んでいるし、一学級20人の中には数カ国以上の異なる背景を持つ子がいるのはごく当たり前のことで、両親共にベルギー人という子どもは今ではほとんどマイノリティといっても過言ではない。

†婚姻と姓は無関係

こんな社会で、アパートの郵便受けや、子どもの学級の名簿はどんな具合になっているかといえば、いくつもの姓がところ狭しと併記されている場合もあれば、一つだけぽつんと書かれているような場合もある。結婚が姓名に影響しないからには、離婚しようが、別居しようが、単身かシングル・ペアレントかなど、なんでもあり得るので、誰も気にかけない。外国人も多いから、それぞれの国の法律や社会習慣なのだろうと想像して気にもかけないことを学習している。

既婚女性が使用する姓について尋ねた結果（%）

	夫の姓	両方	妻の姓	その他
英国	94	4	1	1
フランス	91	7	2	0
ドイツ	95	3	1	1
ベルギー	22	57	20	1
ルクセンブルク	41	47	4	8
イタリア	12	64	21	2
スペイン	4	17	77	2

（欧州統計局「ユーロバロメーター」1995年より）

一方、欧州の他国では、今も、妻が夫の姓を名乗る場合が根強いようだ。欧州各国の既婚女性がどの姓を名乗っているのかについて各国を比較できるデータを探したが、フランスの第2章でも参照されたユーロバロメーター（欧州統計局で実施されるEU加盟各国共通の世論調査）の一部として1995年に行われた結果しか見当たらなかった。データはやや古く、現状はだいぶ変わってしまっているかもしれないが、フランス、英国、ドイツなどでは9割以上が夫の姓を用いているのに比べ、ベルギーでは、26年前ですら、夫の姓と答えたのは22%に過ぎず、両方とも使うが57%、妻の姓が20%だった。ちなみに、ベルギーと似たような傾向だったのは隣国ルクセンブルクや南欧のイタリアで、妻の姓使用が大勢なのはスペイン（77%）だった。

ブリュッセル近郊には、EU関係の機関や組織が多数あるため、ベルギー以外の欧州人が極めて多く住んでいるのだが、自国社会では、連結姓や夫の姓を使っているフランス人も、英国人も、ドイツ人も、ベルギーでは嬉々として自分の出生時の姓名を使っているように、私には見える。ベルギー社会では夫婦で姓が異なるほうがスムーズだからというだけの理由かもしれないが、フランス人と結婚しているドイツ人の友人は「正直言うと、出生時の姓名のほうが、自分らしくてしっくりくる」とニコリと笑った。

周りにいろいろな姓を使っている人がいても、正式には自分の姓名とはどこの国でも出生時に親から与えられたものと信じて疑わないベルギー。そんな社会だから、日本人の夫婦が初めてベルギーにやってきて、住民登録などをしようとすると、役所の担当者に仰天されてしまうことがある。

職員「マダム、貴女の姓名は?」
日本人妻「佐藤花子です」
職員「でも、ご主人も佐藤じゃないですか。姓の欄には、ご自身の姓を書いてください」
日本人妻「でも、これが私の姓でもあるんですけど」
職員「え? まあ、珍しい、同じ姓の方と結婚したんですね!」

といった具合だ。

外国人の少ない農村地帯や全く国際的でない生粋のベルギー人にめぐり合わせると、「なぜ、結婚してわざわざ姓を一つにしたの?」「なぜ、自分のではなくて夫の姓にしたの?」と質問攻めにあってしまうこともある。今日のベルギー人は、それほどまでに、婚姻と姓は無関係なものと信じて疑わなくなっているのだ。

別の国でその国の法律に従って結婚した場合（例：日本で結婚した日本人）などは、それが正式であることを証明できれば、役所などでは結婚姓を正式な姓として登録することも例外としてできるようになっている。それでもベルギー国籍の人の場合は、あくまで出生時の姓名のみが正式だ。ベルギー人女性のMaria MAES（マリア・マース）さんが、日本で日本人男性の佐藤太郎さんと結婚し、日本の社会生活上の都合を重視して、たとえ佐藤マリーに改姓していたとしても、ベルギーではあくまで出生時のMaria MAESだけが正式なわけだ。

†フランスに似て非なるベルギー

さて、ベルギーという国の歴史を少しだけひもといてみよう（ベルギー周辺のヨーロッパ史については、フランスの第2章で詳しく述べられているので参照されたい）。紀元直前に北進したユリウス・カエサルが、このあたりに「ベルガエという勇敢な部族がいる」としたのが、ベルギーという国名の語源とされ、ガリア・ベルジカというローマ帝国北西の属州となった。その後、4世紀になるとローマ帝国の正式な宗教となったキリスト教が帝国北限のこのあたりまで伝わり始めた。その頃、ゲルマン民族の西方への大移動が起こり、5世紀末には、キリスト教を受け入れたフランク族が宗教を背景に勢力を強めた。フランク帝国は後に、西・中・東に分裂してそれぞれフランス、イタリア、ドイツとなっていくわけだが、その分裂の境界線上あたりに位置したベルギーは、以降もずっと、キリスト教（カトリック）の影響が色濃く、教区ごとの信徒台帳が社会の基盤となった。今では敬虔《けいけん》な信徒はだいぶ減り、都市では移民系のイスラム教徒が急増しているが、それでも国民の7割は今もカトリック教徒とされ、子どもの誕生から結婚、葬儀まで、家族生活の節目ではカトリックの習わしに従う人が大半だ。

中世から近世には、ハプスブルク家傘下のブルゴーニュ公国やスペイン領の一部であった時代が長く、オーストリア、ドイツ、ブルゴーニュ、スペインなどの影響も受けた。今日では観光地として知られるブルージュやアントワープには、交易を通して少し離れた欧州都市からも人や物が盛んに行き来し、ジェノバやベニス、ドーバー海峡を挟んだイングランドやスコットランド、ハンザ同盟諸都市からも、商人がやってきて、交易、手工業や芸術の要所として栄えたのだという。当時、女性の商人や両替商がいたという記録もある。

男たちが十字軍に駆り出された後の城壁に囲まれた中世都市には、ベギンホフ（仏語：ベギナージュ。ガイドブックなどでは、ベギン修道会などとしているものもあるが、修道誓願をして私財や家族を放棄するものとは質を異にする）と呼ばれる共同体を作って自立して生きた女たちがいた。世界遺産にもなっている十数カ所のベギンホフは現在のベルギー北部に集中している。彼女らは、信仰と思考を深めながら、連帯して子どもを育て、農作業や手工業に励み、自給自足的な共同体を形成していた。

18世紀初めからフランス革命（1789年）を挟んでナポレオンがワーテルローの戦い（1815年）に敗れるまでの間は、フランスの影響下にあった。革命の影響はベルギーにも及び、多くの教会や修道院が壊された。そしてナポレオン登場。現在のオランダやベルギーにあたる地域までフランス帝国に組み込まれ、ナポレオン法の適用を受けた。世界史の教科書にも出てくるナポレオン敗北の古戦場ワーテルローに、現在私は住んでいる。

この戦いの後、ベルギーは1830年まで、ネーデルラント連合王国（現オランダ）に組み込まれ、同じキリスト教でも、今度はプロテスタント的なプラグマティズム（現実主義、実践主義）の洗礼を受けることになった。16世紀以降、北欧州では宗教改革でカトリックから枝分かれしたプロテスタント勢力が、ドイツ、オランダ、英国などで強まり、教義や伝統を重んじるカトリックとは一線を画して、行動の結果に重きを置く実践的な行動規範が広まっていったのだ。

†一歩ずつ男女平等を実現していく

ベルギー建国は1831年。封建制度が廃止され、啓蒙思想が普及し始めた近代に入ってからのことで、ベルギーは建国して200年も経っていない新しい国だ。この時制定されたベルギーの憲法はフランスとオランダ、さらには英国の影響を受け、当時としては「個人」と「公共」を重んじる画期的なものであり、今日も準拠される憲法としては最も古いものの一つとされている。その頃、ベルギーは、英国とほぼ同時、大陸ヨーロッパで最初に産業革命を達成。炭鉱、鉄鋼、重工業が発展し、資本家が育ち、自由な思想や新しい芸術が育まれる「ベル・エポック」と呼ばれる隆盛期を迎えた。

　このようにベルギーはローマ帝国に始まり、今日の国名でいえば、フランス、ドイツ、オーストリア、スペイン、英国など周辺国の影響を受けてきたのだが、民法体系の基礎は、ナポレオンによる民法典（1804年）だ。独立の憲法制定時には、ベルギー独自の民法制定が求められたものの、独立後、多くの改正が加えられながらも、今に至るまでベルギーで民法の骨格となっているのは、ナポレオン民法典のままだ。この中で、姓名については、「何人も、出生証明に記載されている以外の姓名を公に用いてはならない」（370条、傍点筆者）とされており、法的根拠がない限り、それを訂正したり変更したりすることはできないと定められている。今日に至るまで、ベルギーでは、婚姻によって姓を変更することや通称使用は、法で定められたことはなかったので、出生証明記載の姓名以外を用いることが正式に許されたことはない。

　フランス革命によって、中世から長らく続いた宗教や王侯貴族による支配が払拭《ふっしょく》されたとはいえ、ナポレオンはカトリック世界と和解し、民法典の中で封建制度の残滓《ざんし》といえる家父長制を規定した。このためフランスでもベルギーでも保守的家族観は根強く残った。女性は父や夫の支配下におかれ、職業を持って収入を得たり資産を持って管理したりすることはなく、したがって公に「姓」を用いる機会そのものがなく、生活の中でどうしても個人を指す時は「夫の姓＋その妻」で充分事足りていたことは、容易に想像できる。（カトリック教会とナポレオン民法による封建的家父長制の影響については、フランスの第2章で詳しく説明されているので参照されたい）

1831年に独立したベルギーでは、その後20世紀初頭までに、女性にも大学への門戸が開かれ、初の女性権利団体が結成され、既婚女性が収入を得て貯蓄する権利などが次々と獲得されるなど、ようやく家父長制が崩れ始めた。第二次大戦以降は拍車がかかり、1948年には女性選挙権（市町村レベルでは1919年）が獲得され、欧州共同体構築のローマ条約に批准したことから、1958年には「夫による管理」が正式に撤廃され、男女平等賃金や子どもの養育について夫婦平等責任が成文化。それでも、妻が夫の承諾なく銀行口座を開けるようになり、財産権や相続権が平等に保障されたのは70年代に入ってのことだったという。

現行の民法では、次のように改訂が加えられている。

第216条（1976年修正）

第一項　各配偶者は、互いの許可なしに、職業を持つことができる。
第二項　相手の合意がない限り、職業上で相手の姓を用いることはできない。一度合意したならば、深刻な理由がない限り、その合意を撤回することはできない。（傍点筆者）

義母が結婚した頃（1950年代）には、「マダム・○○（夫の姓）」になることに乙女心が震えたというし、知り合いのフランソワーズが初めて職を得た80年代でも、給与振り込み口座を作る際に、「ご主人は了解していますか。ご主人との共同名義での口座ならすぐ開けますが……」などと言われ、女性が自分名義だけの口座を作るには、銀行員相手に相当頑張らねばならなかったという。

ここまで見てくると、フランスとベルギーで、女性や妻が置かれてきた社会的立場や姓と婚姻にまつわる歴史・社会的背景はほぼ同根と言える。両国とも、古代ギリシャ・ローマ時代以来キリスト教カトリックの保守的な男女関係の影響を強く受け、フランス革命とナポレオン民法典により、宗教による支配や封建制度と決別したように見えながら、家族や婚姻に関する伝統的な価値観は根強く残っていたからだ。だが、今日、妻が通常使う姓は大きく違っている。前述の欧州統計局のデータ（1995年）では、フランスでは、夫の姓を使っている人が9割もいるというのに、ベルギーでは2割。この差はいったい何に由来するのだろうか。

†「出生届に記載された姓」が一生もの

ベルギー法務省に尋ねてみたところ、「姓名に関するフランスとベルギーの法的基本は同じ。『通称』使用と適用範囲が異なるだけだが、これには社会的要因が大きい」との返答が戻ってきた。少し調べてみると、フランスでは、1985年の通達で、私生活や職場で出生証明に書かれている以外の姓（夫の姓、母親の姓、両姓併記）を既婚女性は使用することができるようになり、現行民法の225条1項では配偶者双方が相手の姓や併記姓などを通称として使用する権利も明確に規定されている。

このように通称を制度化する法律はベルギーにはなく、妻が夫の姓を名乗ることが慣習的に許容されてきただけだ。そして、その習慣も、今日ではほとんどなくなっている。現在のベルギー政府の立場は一貫して以下のようなものだ。（政府の公式サイトより）

「ベルギーでは、唯一の法的に認められた『姓』は、出生届けに記載されたものである」

「ベルギーの法の下では、『婚姻』は配偶者の『姓』になんら影響を与えるものではない。配偶者は互いに結婚前の姓を維持する」

ブリュッセル自由大学の社会学教授イグナンス・グロリユウ氏からはこんな示唆も得た。北部ベルギーには、中世以来、ベギンホフの例のように、自立した女性や商取引にかかわる女性たちの伝統があり、また、南部ベルギーでは、産業革命以降、既婚女性たちも、破竹の勢いで増加した炭鉱や鉄鋼工場に駆り出され、労働運動や政治運動に連帯していった経緯がある。上流階級は別としても、庶民の間では、生活費を稼ぎ男たちと対等な関係を持つ女性たちがフランス社会よりも少し早くから相当数存在し、それが戦後の急速な社会変革の底力になったのではないかと。つまり、社会の中に、収入・経済・財産といった面で、夫と対等な妻たちが一定程度存在すれば、そして、フランスのように夫の姓の通称使用を制度化するようなことがなければ、社会通念としての夫の姓の使用から解放されやすいのではないかとの考えに至る。

ナポレオン民法典は、フランスやベルギーばかりでなく、世界中の民法や憲法に少なからず影響を与えたとされている。日本では江戸幕府が倒され、岩倉具視《いわくらともみ》らが近代化を目指して欧州に使節団を送り、その知見を基に家父長制や同一戸籍同一氏を規定した民法ができたのは19世紀終わりのことだ。儒教的家族観のベースがあったにせよ、明治31年（1898年）制定の民法規定をもって「伝統的価値観」と呼ぶにはあまりに新しすぎるように思える。

日本では現時点では「旧姓の通称使用」を拡大したり、制度化したりすればよいとの意見もある。フランスでは正式には別姓で、配偶者の姓などの通称使用が合法化されているわけだが、通称使用にお墨付きを与える制度化は、かえって不安定・中途半端な回り道を用意してしまうように感じる。

〈日常生活で用いている姓は？〉

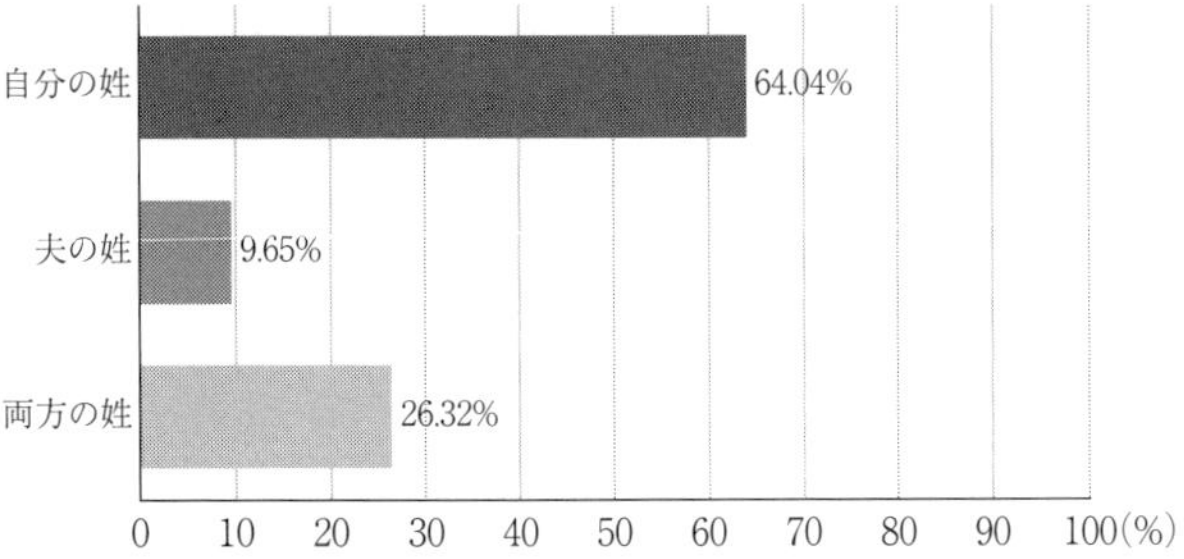

〈仕事や正式な場で用いている姓は？〉

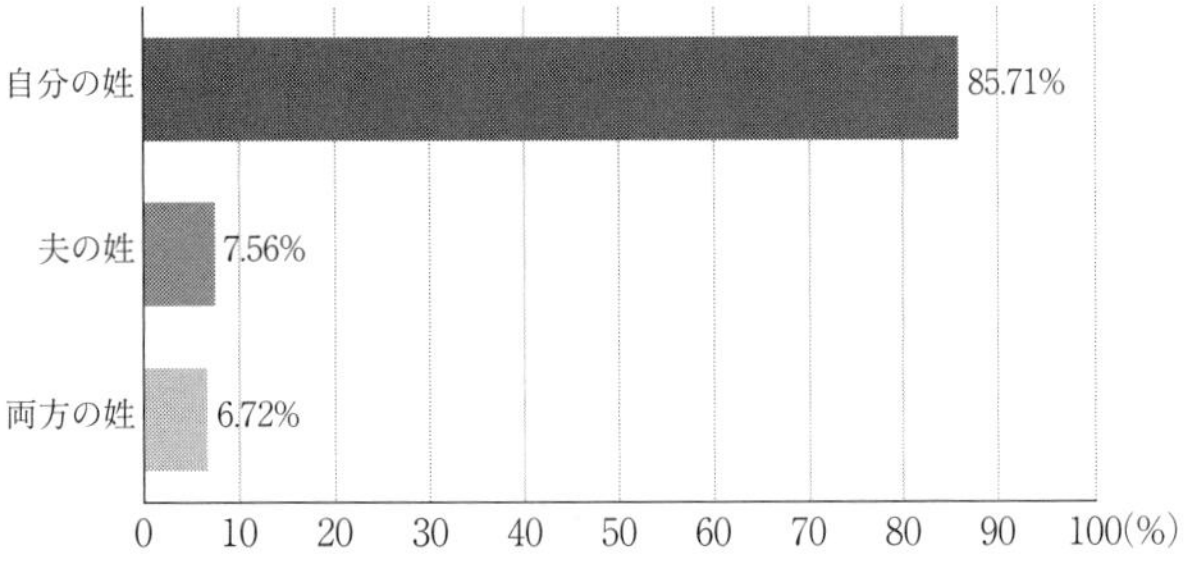

(筆者がベルギー人女性に行ったオンライン調査より)

最近のデータが存在しないので、私が結婚または合法的同居（結婚に準ずる公的登録形態。後述）しているベルギー人女性対象に簡単なオンライン調査を行ったところ（サンプル数122名）、年代別内訳では70代以上が28％というやや高齢者の多いサンプルであったにもかかわらず、自分の姓だけを名乗っている人は、日常生活で64％、職業上では85％にも上り、夫の姓だけを日常的・職業上で用いていると答えた人は約1割にも満たなかった（右頁の図）。かつては職業上で、夫の姓を使ってきた70代の元医師や元教師の友人も、今では夫の姓だけを名乗ることはありえないとコメントした。一方、プライベートな生活では、両方の姓を使うと答えた人も30％いた。夫婦で行動する時や子ども同伴の時などで両方使うほうが便利な局面も多く、なかなか複雑だと答えた人も少なくはなかった。ベルギーにおける子どもの姓についての取り決めは、後述する。

3　宗教と結婚の深い関係

†家父長制よりも高かったカトリックのハードル

婚姻や男女関係については、かなりリベラルに見えるベルギー社会だが、いわゆる「性格の不一致」などの重大な過失なき離婚が可能になったのは、ごく最近の2007年である。それは、ナポレオン法典の家父長制よりも、ずっと古いカトリック教義が社会の根底にあるからだ。カトリックでは、「結婚（mariage＝マリアージュ）」は教会が授ける七つの秘跡（サクラメント）の一つとされ、「神が結び合わせてくださったものを、人は離してはならない」（マタイによる福音書第19章6節）として離婚は認められていない。カトリック教義に沿ってでも離婚が許されるのは、不貞や重婚などが発覚した場合などに限られ、「結婚が無効であった」として処理する例外に限られる。

ベルギーでは、それまで長らく別居や家庭内離婚でしのいできた多くの不仲夫婦が2007年離婚解禁直後に大挙して離婚手続きを取ったので、その当時俄《にわ》かに離婚大国となってしまい、日本からも取材されたほどだった。日本では想像しがたいかもしれないが、欧州の他のカトリック国をみても、イタリア、ポルトガル、スペイン、フランスなどが離婚を合法化したのもやはり70年代以降のこと（フランスでは革命時に一旦は離婚が可能となったが、その後改めて非合法となっていた）。過失なき離婚を可能にしたり、前提となる別居条件を緩和したりして離婚のハードルが低くなったのは、2000年代になってからという国々がほとんどで、ベルギーが特段遅れたというわけでもない。（スペインとフランスが2005年、ポルトガル2008年、イタリア2014年）

カトリック教義では、一度「結婚」すれば「離婚」は許されない——だから、カトリック教徒が大勢のベルギーでは、まずはいかに離別を可能にするかが課題となった。人々は、離婚を合法化するという正攻法よりも、「結婚」という名称ではない別の登録された公の形態を求めた。カトリック教徒の秘跡としての「結婚」でさえなければ、合法的に別れることにハードルがないからだ。

90年代から盛んに議論された「合法的同居cohabitation légale」は1998年に成立し、2000年に施行。これは、まだ一生をコミットしきれないと考える若い世代や「結婚」が許されなかったLGBT当事者に歓迎され、これが踏み台となって、2004年にはオランダに次いで世界で2番目に同性婚を合法化するに至った。ちなみに、フランスでも同じ頃に「パックス(PACS)婚」という名称で合法的パートナーシップ制度ができたが、同性婚の合法化は2013年になってからのことだった。フランス革命以降、紆余曲折しながらも20世紀にかけて、政教分離が徹底したフランスのほうが、ベルギーよりもカトリックの保守的社会通念が根強かったのだろうか。このことはフランスの第2章での考察にゆだねよう。

いずれにしても、同性婚では、どちらが夫でどちらが妻かという関係性そのものが存在しない。合法的同居は極端に言えば、性的関係はないが、家族として生きたいという二人も用いることができる。いずれの場合でも、「妻は夫の姓を名乗る」という通念が適用できない。合法的同居は、相続権など結婚の場合の配偶者間にある権利という面では、厳密にいうと今日においても微妙な違いがあると指摘する法学者もいる。しかし、登録されたパートナーの権利は段階的に引き上げられ、2007年の民法改訂により「結婚したカップル」と大方同等となっている。

プロローグでも言及したが、社会学者の上野千鶴子氏は、同一家族＝同一姓や夫婦同姓が意味を失う条件として二つのことを挙げている。その一つが、収入や財産・相続が、婚姻・家族制度と切り離されていることだ。ベルギーでは、同居するカップルの関係性（婚姻か、合法的同居か、同性婚か）と収入や財産・相続への紐づけが断ち切れたこと、つまり、結婚でも、それ以外の登録カップル形態でも、姓はバラバラで、姓と収入や財産・相続はまったく関連がない。家族の姓がバラバラ・夫婦別姓による不都合を解消する条件を満たしているといえる。

†結婚を合理的に考える

ベルギーでは、結婚時に公証人に出向いて、結婚契約書を交わすカップルが多い。こうした慣習は、古くは十字軍遠征の頃からあったようだが、それは父や夫がいなくなっても女たちが生活に困ることがないようにと遺産分けのような意味合いが強かったのだという。今日ベルギーでは法律でも規定されている「結婚契約書」は、結婚前に、互いの収入や資産の帰属やその管理について公証人を立てて取り決め、結婚時に正式に登録しておくというもので、これが民法に書き加えられたのは一九七六年のことだ。「séparation de biens」（資産分離方法）と呼ばれ、言ってみれば、離婚の際の分け方を仲のよいうちに決めておくわけで、「なんとドライな！」と驚きもしたが、極めて合理的でもある。

あえて契約書を交わさない場合のデフォルトは、結婚前に持っていたものはそれぞれの物、結婚後に得たものは共有とするというもので、どちらか（多くは妻）が無職あるいは収入が明らかに少ないなどの場合に適するパターンと想定されている。自営業で事業の融資を仰ぐような場合などには、結婚後も別々にしておけば（配偶者に）連帯責任がないとか、結婚前に持っていた土地だけはそこに家を建てるのだから共有にしようとか、詳細は契約内容次第だ。そして今日では、同性婚のカップルでもこの契約書が同様に広範囲で交わされている。こんな社会だから、結婚するか、合法的同居するか、あるいは届出せずに単に同居するかは、本人同士の個人の選択。結婚か合法的同居かは生命保険や住宅ローンの条件とはならないし、親族の口出しも世間体もなくなっている。

それにしても、結婚を教会の秘跡と考え、その目的を、「一組の男女が、生涯にわたる愛と忠実を約束し、助け合いながら、子どもを出産し養育すること」とするカトリック社会では、妊娠中絶、安楽死、同性婚といった命や性に関わる課題には、カトリック的価値観のハードルが高かったはずだ。ところが、ベルギーでは1990年には中絶が、2002年には安楽死が、そして、2004年にはオランダに続いて同性婚があっという間に合法化された。その背景には何があるのだろう。

†「ベルギー的妥協」という国民性

ここまで見てくると、宗教的・法的背景では、ほとんどフランスと同じだったベルギーが、既婚女性の姓という側面で今日これほど異なっているのは、ベルギー社会の歴史地政学的な要因が作用しているのではないかとの考えに至る。

前述のように、確かにこのあたりは、「欧州の十字路」と呼ばれるだけあって、欧州の列強たちが次々と支配下に収め、異なる民族や思想文化的背景を持つ人々が行き交った。独立後の20世紀に入ってからも、二度の世界大戦でドイツの侵略も受けた。庶民がこうした歴史展開の中で生き延び、影響を受けながら今日のベルギー社会が形成されてきたという意味で、フランスはもちろん、ドイツ、オランダ、英国ともかなり異なるようだ。

近代に入ってから建国した若い国であるため、古い体制や国内の権力抗争にあまり引きずられることがなかったのかもしれない。ベルギーの市民社会は、産業革命とともに自由で合理的な啓蒙思想によって形成されていった。さらに、戦後は、欧州連合（EU、当初は欧州共同体）

の首都とも呼ばれるように、欧州の立法・行政主要機関を擁し、EUの官僚や政治リーダーばかりか、欧州中からの法律家・活動家など知的集積や交流の場ともなっていった。小国ベルギーは国際社会ではG7どころかG20のお呼びもかからないし、大国につきものの強い覇権も、影響力のある政治的リーダーとも縁はないが、EUや国連などの国際条約に則して、男女平等、人権擁護、環境保護といった原則や価値観に沿った国内法の整備を粛々と進めて来た国の一つと言える。

フランスとベルギーの思考背景の違いについて、ブリュッセル自由大学で教える家族法の専門家ジュアン・ソソン氏に尋ねたところ、「これは法律というより社会学の領域だから、あくまで個人的な考えだけれど」と前置きした上で、こんな答えが返ってきた。「ベルギー人の思考の根底には、フランス的な伝統とネーデルラント（オランダ）的な伝統の二つの下地があって、それが『個人』あるいは『自己決定』を尊重する土壌を培っているように思う。だから、個人とかカップルとかに関する行動や考えが、ベルギーとフランスとはとても異なるのだと……」

私は、かつて「安楽死がなぜベルギーでこんなに早く合法化されたのか」についてリエージュ大学の医療倫理の専門家ジル・ジェニコ氏に尋ねたことがある。ジェニコ氏は、さらにドイツ的な思考の影響も含めて、次のように説明してくれた。ベルギーという社会には、フランス的な「すべては法が裁く」でもなく、ドイツ的な「物事には必ず黒白の決着がつく」でもなく、かといってオランダ・英国的な実践主義でもなく、その折衷《せっちゅう》のような価値観があって、安楽死のような難しい課題でもなんとか合意形成をすることができるのだと。

たしかに、ベルギーには、「ベルギー的妥協」という表現がある。どんなに時間をかけても、気の遠くなるような議論を重ね、なんとか皆の顔を立てられるような落としどころを見つけることがお家芸。ベルギー人自身が、多少自嘲的であってもこれを誇りに思っているような様子さえある。

これを示す興味深いエピソードがある。ベルギーでは可決した法案を成立させるためには、形式的ではあるが、王による署名がなされねばならない。敬虔《けいけん》なカトリック教徒であった１９９０年当時のボードワン国王は「中絶」を合法化する法律にどうしても合意することができなかった。そこで、署名のその日だけ退位して、王不在により法案を成立させ、翌日復位することで、自身の信条と公的責務の辻褄を合わせたのだ。ローマ教皇はこれを「崇高で敬虔な判断」と称賛し、国民もこれを評価して受け入れた。ベルギーの憲法では、正確には、王は「国の」ではなく「ベルギー市民の」王であると記されている。この逸話は、今でも、「ベルギー的妥協」の典型例として社会の中で語り継がれ、ボードワン王は、短いベルギー王室の歴史の中でもっとも国民から敬愛された王なのだ。

こうしてみてくると、前述の社会学者グロリユウ氏の解説はすとんと腑に落ちる。「こと、個人や家族の『価値』に関わることでは、ベルギー人は押しつけを嫌い、それぞれの選択を尊重する。それが、周囲の大国に何度も蹂躙《じゅうりん》され、価値観を押しつけられてきた今日のベルギー市民社会の処世術になっているのでしょう」。だから、自分に影響も害も及ぼさないような、他人が結婚しているか、合法的同居かとか、どの姓を用いるかなどについては当事者が決めればよいことと考える。社会の秩序を乱すとか、家族の絆《きずな》が壊されるとか意見して自分の考えを押しつけることなど、親族であっても、教師と教え子の関係であってもありえないことのようだ。

4　多様性が実現したベルギーが抱える課題

✝婚外子の地位と権利

ところで、前述の通り、上野千鶴子氏は夫婦別姓を可能ならしめるための条件をいくつか提起している。現在のベルギー社会では、収入や財産が婚姻・家族制度と切り離されていて、同姓を名乗るメリットがなくなっているということを説明した。では、「相続が、嫡出子《ちゃくしゅつし》か非嫡出子かなどの制度と切り離されていること」についてはどうだろう。

ベルギーで、非嫡出子が父の姓を名乗る権利、そして嫡出子とほぼ同等の相続権が与えられたのは、1987年の法改正（民法745条）だった。

これについては2020年、象徴的なできごとがあった。なんと前国王アルベール二世（現国王の父）が、愛人との間の女児デルフィーヌさんを、DNA鑑定の結果を踏まえて、10月に認知したのだ。デルフィーヌさんは、2013年に最初に名乗りを上げて以来、ベルギー王室を相手取っての長い戦いの末に、正室であるパオラ王妃との間の他の三人の子どもたち（長男が現在のフィリップ国王）と同じ姓を名乗る権利を獲得し、同等の権利を持つ「王女」と認められたのだ。これにより、デルフィーヌさんの二人の子どもたちもまた王族の一員として認められ、王子と王女と称されるようになった。現国王を含む他の三人の子どもたちが今後アルベール元国王からもらう相続分は33％から25％に減ることになり、10月には元国王夫妻の自宅に招かれたデルフィーヌ王女は、様々な公務も担うことになった。

実は、ベルギー王室は日本の皇室とも近しい関係をもっているとされ、そもそもは関東大震災（1923年）の際のベルギー王室からの支援とそれに対する返礼に始まり、上皇陛下も天皇陛下も、若い頃にベルギー王室と親しく交流している。雅子皇后とマティルダ王妃が共に民間から嫁いだのもほぼ同じ頃で、第一子は両方とも女児だった。大きく異なるのは、ベルギーでは国連の女性差別撤廃条約を批准（1985年）すると、91年には性別に関係なく第一子が王位継承権第一位となることが定められており、今年20歳になるエリザベート王女は、兵役をこなした後、この秋からはオックスフォード大学で歴史と政治学を学び始め、ベルギー初の女王への道を歩んでいる。

たしかに厳密にいえば、「結婚」の配偶者と「合法的同居」のパートナーの間にも、嫡出子と非嫡出子の間にも、ごく僅《わず》かには相続権の違いはあるようだ。たとえば、非嫡出子であるデルフィーヌ王女には、王位継承権はない。しかしそれは特殊な範囲であって、ベルギーではおおむね同等。つまり、上野氏のいう夫婦・家族がバラバラの姓が可能になる条件が満たされた社会と言えるのではないかと思う。

近代になってから建国したベルギーは、「正式な姓名は出生証明に書かれたもののみ」という古くからあった取り決めの上に、宗教的価値観や封建時代の家父長制という箍《たが》を一つ一つ外しながら今日の社会を作ってきたように見える。今日のベルギー人に尋ねれば、高齢者も含め、結婚でも、合法的同居でも、同性婚でも「別にいいんじゃない？」と言うし、非嫡出子が嫡出子と同じ姓を名乗っても、同じ相続権を持っても、「あらよかったじゃない！」と互いに喜べる気風ができているように思う。

†バイナリーな性と姓名

2000年に合法的同居が、2004年に同性結婚が合法化されたベルギー社会は、20年を経過してどんな社会になっているのだろう。一クラスの人数は幼稚園から高校まで約20人編成だが、娘の高校のクラスからは、5人がLGBT当事者としてカミングアウトしている。大学に行ってからも、彼女の周りにはほぼ必ずLGBT当事者がいるが、それは「背が高い」とか「気配り上手」とかいう個人の属性や性格の一つ以上の何の意味ももっていないように見受けられる。私自身も、女性同士の結婚式にも出席したし、周りにはカミングアウトしている友人知人がたくさんいて、なかには養子を迎えた男性カップルも、兄弟の精子をもらって子どもを授かった女性カップルも、残念ながら破綻《はたん》したLGBTカップルもいる。友人同士で集まれば、子どもたちはどうしているかという話になるのが常だが、「息子もようやくパートナーができてね！　相手は男性だけどね」とか「いやあ僕そっくりの孫ができてかわいいよ。息子の精子で娘のパートナーが初孫を産んでくれたんだ」など、ちょっと複雑な話がごく当たり前に出てくる。私自身は体験していないが、最近の幼稚園・小学校には、パパパパカップルやママママカップルの子どもたちが相当な頻度でいるのだという話も聞く。そして、子どもたちは親以上にすっかり慣れているから、あの子はパパが二人いるなんて、驚きもしなくなっているのだと。

ちっぽけな予算で作られるベルギー映画は、日本でも知られるような大作になることは少ないが、トランスジェンダーのバレエダンサーを描いた『Girl』（２０１８年。日本公開は２０１９年7月）という映画が話題になったことがある。私はこのモデルとなった女性（MtF）とその家族を知っている。彼らの人生が生やさしいものとは決して言えないが、彼女はダンサーとして、双子の弟はプロサッカー選手としてそれぞれの道を歩んでいる。ベルギーのゲント大学のトランスジェンダー専門科では、児童精神科、整形外科、婦人科、泌尿器科などの専門医を揃えて20年以上の知見を持ち、保険でカバーされる内科治療・外科施術を受けるために今では周辺国からも多くの人々がやってくる。２０１７年には、トランスジェンダーの方々が手術を受けなくとも登録上の性別や名前を変えられる権利も法的に保障された。テレビ局の著名キャスターが「今日から私、女性になります！」と宣言し、娘や元妻もこれを応援し、社会も「あら、そうなんだ」と受け入れて、大騒ぎにもならなかった。ベルギーには10年前にゲイが首相になったし、現政権にはトランスジェンダーの大臣もいる。

従来の男女の線引きにとらわれない「ノンバイナリーな性」への寛容度は、この20年で大幅に拡大している。公の婚姻の形態がいくつもでき、離婚が増え、再婚、再々婚が盛んになると、同じ屋根の下に住む家族の姓がバラバラになり、さらにベルギーでは、里子も養子も非常に多いので、この方向からも「同一家族=同一姓」の原則は事実上消え去っている。

夫婦や家族の姓がバラバラになることは、「家族の絆」や「社会秩序」の危機を招きはしなかったことはベルギーの事例が実証したが、新たな複雑さも生じている。今後のために、想定される課題をあらかじめ知っておくことは有益かもしれない。

†別姓社会だからこその今日的論点

婚姻が姓に影響せず、カップルのそれぞれが出生証明に書かれた姓名を維持するベルギーでも、まだまだ課題はある。

第一に、国籍の異なる者同士の結婚・合法的同居などの場合、姓についての法的制度が異なれば、その調整をどうするかという新たな取り決めが必要になることだ。前述の例のように、ベルギー国籍のMaria MAESさんは、日本で日本人の佐藤さんと結婚して、日本で希望して佐藤マリアさんと改姓しても、ベルギーではあくまでMaria MAESさんで、パスポート上も、IDカード上も、したがって銀行口座も、運転免許も、すべてはMaria MAESさんだ。では、日本でベルギーの運転免許証をどのように認めてもらえるのか。身分証明としてパスポートを求められた時、それが佐藤マリアさんと同人物であることをどう説明するのか、といった具合だ。これはベルギーと日本の特殊なケースの話ではない。同じ欧州の中ですら、夫の姓を名乗ったり、連結姓や併記姓を使ったりと、法的・通称的使用は実にさまざまだ。それぞれの国のシステムを理解し、ケースバイケースで対応できる柔軟で包摂的な法制度と運用が必須になることを覚悟しなければならないだろう。

第二に、より複雑なのは、子どもの姓をどうするかという問題だ。婚姻が姓に影響しないことについてここまで解説してきたが、ベルギーでも、子どもの姓は長らく父親の姓のみだった。ようやく子どもの姓についての法律が改訂されて、父の姓でも、母の姓でも、また、両方の姓（ベルギーの場合は、法律では、二つの姓の併記であって、ハイフンなどで結合しない）であってもかまわないとなったのは2014年のことで、まだ10年も経過していない。

一見シンプルに思われるこの法則だが、実は、ありうるケースを考えていくと、収拾がつかないほど複雑になり、法律文書に挙げられている例は延々と続く。まずは、子どもが二人以上いたら、どうするのか、第一子は父親の姓、第二子は母親の姓、第三子は両方の姓ということも可能なのか。両方の姓を併記する場合の順番はどうするのか。子どもが二人以上いたら、その間で、両姓併記の順序を変えてもいいのか。二つの姓を持つ者同士が結婚してできた子どもたちの姓はどうするのか。もし、常に両方の姓を用い続ければ、姓は無制限に長くなってしまうかもしれない。すでにベルギーでは、現在のマティルダ王妃のように、複合的な長い姓を持つ人も少なくはない。

彼女の姓はd'Udekem d'Acoz（デュデケム・ダコ）。例えば、du Parc Locmaria（デュパルク・ロクマリア）という姓を持つ人の子どもに両姓併記の姓を与えれば、d'Udekem d'Acoz du Parc Locmaria（デュデケム・ダコ　デュパルク・ロクマリア）または、du Parc Locmaria d'Udekem d'Acoz（デュパルク・ロクマリア　デュデケム・ダコ）という姓になってしまい、その次の世代はさらにもっと長くなってしまうことも起こりうる。これでは、落語の寿限無のようになってしまう。ありとあらゆる可能性を考えた上で、ある程度の法則性と限界を持たせるためのルールが定められているわけだが、なかなか煩雑だ。2014年の子どもの姓に関する法律では、それぞれの親からもらえる姓は一つずつ、そして、同じ両親から生まれた子どもの間では「同じ両親の子どもであるという一貫性を維持するために同じ姓（両姓併記の場合は順番も同じ）にせよ」というルールに決められた。

そうでなくても、ベルギー人の中には、親から複数の「名」を与えられる人も多い。たとえば、わが夫は五人の聖人の名前を与えられているし、わが娘は養女なのだが、ベルギー名、日本名、もともとついていた名前を正式に残しているから三つだ。それだけでも、IDカードやパスポートにはスペースの都合で表記しきれず、航空券の購入時に正式名を記入せよと言われればたちまち困ってしまうことになる。

出生の届出データから現実を見てみると、2014年の法改正以降も、例年、父親の姓がほぼ9割を占め、母親の姓は5〜6％、両方の姓は6〜7％に過ぎない。今回私が行った調査でも、父親の姓95%、母親の姓2%、両方の姓3%で同様の傾向が裏付けられた。なぜ、「子どもは父親の姓」という習慣はこれほど根強いのだろう。

社会学者のグロリユウ氏は、今後もこの傾向が突然大きく変わることはないだろうと予想する。男女平等などの観点からというよりも、伝統的な系譜図(Genealogy)の影響ではないかと。

†親子関係の手がかり

欧州で、ファミリー・ツリーなどと呼ばれる家系図のようなものを目にすることがある。それは、戸籍という制度がないからかもしれないくらいに思っていた。ところが、フランスのテレビ番組「被相続人を探せ!」を見て合点がいった。フランスやベルギーでは、亡くなった人の相続は必ず指名された公証人が担当し、相続人がいる限り、世界中から探し出して相続させなければならない。公証人から依頼を受け、地の果てまでも出かけて被相続人を探し出してくる職業がGénéalogiste。日本語訳は「系譜学者」だが、研究を主体とする学者もいるにはいるが、被相続人ハンターの方は、ハイレベルな辣腕《らつわん》探偵のような専門職だ。世界の法律や歴史に造詣《ぞうけい》が深く、多言語の古文書や法律を読み解く能力が求められ、社会的信用は、検事や裁判官に匹敵する。この専門職が繙《ひもと》くのは出生、婚姻、死亡などに関する届出と聞き込みで、

「姓」は大事な手がかりの一つとなる。同じ両親から生まれた子どもの姓は同じに……という理屈はこのあたりに由来しているのかもしれない。

日本がいずれ、夫婦別姓も可能な社会に移行し、「同一家族＝同一姓」でなくなるならば、充分に考えておいてほしいことがある。それは、子どもとそれぞれの親の親子関係をいかにして示すかということだ。欧米社会では、未成年の子どもが片方の親とだけ行動を共にするとき、特に国境を越えて旅行するときなど、同行しない側の親がそれを承諾する「親の承諾書」という書類が市町村から発行され、これを携帯することが必須だ。だが、今回私が行った簡単なインターネット調査でも、子どもの姓についての質問の余白に、母親から書き込まれていたコメントの多くは姓の異なる子どもと自分との関係を示す難しさについてだった。ベルギーの現状では、子どもは父の姓という場合が圧倒的に多く、日常生活上、母親である自分と子どもを「紐づける」簡単な方法がなくて困っているという問題だった。

正式な姓名は出生届けに記載されたもののみ、婚姻と姓は無関係——と、ベルギーの法律は極めてシンプルで明解なように思える。だが、「姓が同じ」という「家族あわせの鍵」をなくすことは、新たな難しさも生んでいることを、ベルギー社会は教えてくれている。30年以上もかけて選択的夫婦別姓を議論しているのだから、子どもと親との紐づけ方法についても想定して準備すれば、より「生き心地」の好い社会になるように思う。

第5章　米国　慣習を破り姓を選ぶ自由を実現

婚姻と姓	子どもの姓
どちらかの姓による同姓、各自の出生姓を維持する別姓、連結姓、合成姓、創作姓など自由。姓名の変更手続きは州により異なる。妻が夫の姓を名乗ることが多い。	父の姓、母の姓、父母の姓の連結姓、創作姓など自由。両親が合意できない場合は裁判所を通して協議。子が14歳以上だと子の同意も必要。

筆者＝片瀬ケイ（かたせ・けい）
東京の行政専門紙記者を経て、1995年に渡米。カンザス大学よりジャーナリズム修士号取得。ジャーナリスト、翻訳者。現在はアメリカ人の夫とともにテキサス州に在住し、アメリカ在住歴は25年余り。アメリカの政治社会、医療事情などを共同通信47NEWSをはじめ、さまざまな日本のメディアに寄稿する。「海外がん医療情報リファレンス」に翻訳協力するとともに、Yahoo! ニュース 個人のブログ「米国がんサバイバー通信」のオーサーも務める。共著書に『コロナ対策　各国リーダーたちの通信簿』（光文社新書）がある。

1　「自由の国」の開かれた選択肢

†結婚しても自由に選べる二人の姓

自由の国であることを誰もが誇りとする米国。個人の自由と権利を尊重するこの国では、自らの意思で自分の姓名を決める自由もアメリカ合衆国憲法修正第14条で守られている。州によって姓名を変更する際の手続きや規定は多少異なるものの、犯罪目的だったり、不適切、不道徳な名前だったりしない限り、いつでも誰でも自由に姓名を変更することができる。結婚や離婚の際に姓を変更することが圧倒的に多いが、婚姻を理由に個人に姓の変更を義務づける法律はない。

そんな自由な米国では「伝統を継承するため」「利便性を考えて」「新たな家庭を築く記念として」「個人のアイデンティティを尊重して」など様々な理由によって、それぞれのカップルが結婚後の姓を自分たちで自由に選ぶ。以下がそのパターンである。

①妻の姓を夫の姓に変更する。これが最も一般的で、今も7割程度はこのパターン。

②夫の姓を妻の姓に変更する。こちらは米国でもまれなケース。

③二人の姓をハイフン（-）でつなぐ連結姓にする。歌姫のビヨンセのフルネームは、自分の姓と夫のジェイ・Zの本名の姓をハイフンで結んだビヨンセ・ノウルズ・カーター（Beyoncé Knowles-Carter）である。二人の姓をいかせるのが利点だが、姓が長くなってしまうので、ハイフンで結ぶのを嫌がる人もいる。

④ハイフンを入れずに、妻の姓と夫の姓を二つ並べて、両方を正式な姓とする。この選択肢があるという認知度は低く、各種申請書の書式に姓を書く欄が一つしかないなどで困る場合もあるが、法的に二つの姓を持つことは可能。スペイン語圏ではこれが標準である。

⑤合成姓や創作姓にする。映画『スパイキッズ』3部作に出演した女優のアレクサ・ヴェガは、2014年に俳優のカルロス・ペーニャ・ジュニアと結婚。結婚後の新しい姓は、二人の姓を合体させてペーニャヴェガ（PenaVega）という新たな姓にした。元の姓にこだわらず、まったく別の新しい姓を創作することも可能だ。

⑥二人とも姓を変えずに、夫婦別姓とする。ハリウッドのおしどり夫婦として知られる歌手のジョン・レジェンドと妻でモデルのクリッシー・テイゲンは別姓のまま。何回か結婚歴のある歌手のマライア・キャリーや、女優のスカーレット・ヨハンソンも、自分の姓を変更したことはなく、一貫して夫婦別姓を選んでいる。

このほかにも、妻が夫の姓に変えた上で、自分の旧姓をミドルネームとして残すパターンも多い。例えばジル・バイデン大統領夫人の本名は、Jill Tracy Jacobs Bidenで、自分の生来の姓であるジェイコブズをミドルネームに残している。一方、結婚に際して自分のために名前を変えてくれた妻を思い、自分の名にも妻の姓を取り入れたのが、米国に長く住んだジョン・レノンである。1969年に二人が結婚した時、ヨーコ・オノ（小野洋子）はYoko Ono Lennonとなり、ジョン・レノンはOnoをミドルネームに加えてJohn Winston Ono Lennon（Winstonはもともとのジョンのミドルネーム）となった。

†結婚したら妻の姓名はなくてもいいの？

結婚したら妻が夫の姓に変えるという伝統的なパターンが圧倒的に多いものの、アメリカ人はプラグマティズム（実際主義）も重視し、実生活で便利なほうを選ぶこともある。また歴史的、文化的背景で根強く残る慣習もあれば、時代や世相に応じた意識の変化もある。米国には「自分たちはこうしたい」という希望はあっても、「こうあるべき」といった社会からの画一的な圧力はない。カップルが自分たちの価値観や事情により、それぞれにとって一番よいと思う選択をしている。

筆者の夫は、米国内でも保守的といわれる南部テキサス州の出身である。とはいえ海外から来る留学生らと共に音楽を学び、ニューヨークやカリフォルニアで生活したこともあるせいか、両親とは違って伝統にはとらわれないタイプだ。私が夫に出会った時には夫の両親は離婚しており、義父は再婚ずみ。義母はもとは専業主婦だったが、離婚後は書店勤めをしながら一人暮らしをしていた。

そんなある日、義母から送られてきたカードを見て、一瞬とまどった思い出がある。差出人の名前が「ミセス・義父のフルネーム」だったのだ。ミスターの間違いで、カードは義父からのものだろうか。いや、いくらなんでも自分の名を書く時にミスターとミセスを間違えるはずはない。夫にカードを見せて尋ねると「母だよ。古風なタイプだから。ちょっと気取ってみたんだろう」とのこと。

アメリカ映画によくある結婚式シーンでは、式の執行者が「それでは、これからあなた方はミスター・アンド・ミセス・ジョン・スミス（夫の姓名）です」と宣言する場面が出てくる。のちに詳しく述べるが、英国から受け継いだ伝統的な結婚制度は、妻が夫にいわば吸収合併される形で一体化するというもの。結婚したら妻は名前を持つ個人というより、ジョン・スミスの妻として認識されるようになる。

伝統を重んじる世代では、今でもフォーマルな感じを出したい時には、〇〇夫人という意味で「ミセス・夫の姓名」を使うことがあるのだそうだ。義母は離婚後も義父の姓を名乗り続けていたので「ミセス・義父の姓名」を使ったのだろうが、この形式だと義父の再婚後の妻も同じになってしまうので、ずいぶんとややこしい。

†改姓手続きはラクじゃない

一方、私はといえば、結婚する際に自分の名前に英語の姓がつくイメージがわかず、そして何よりも改姓の手続きが大変すぎるという理由で、夫の姓に変えることはまったく考えなかった。すでに米国で働いていた私は、結婚に伴って労働ビザから永住権へと変更申請をしたのだが、身元確認や経歴など様々な書類を提出する。その際に名前まで変更したら手続きが煩雑《はんざつ》になり混乱を起こしかねないことは目に見えていた。仕事を辞めれば労働ビザはすぐに無効になる。万が一、書類の行き違いなどにより永住権申請でトラブルが起きて、不法滞在になってしまったら大変である。

こうした特殊な事情がないにしても、結婚で改姓した後には手続きであっちに行ったり、こっちに行ったりの日々が待っている。新たな姓名が記載された結婚証明書を何枚か発行してもらい、社会保障番号、運転免許、パスポート、投票のための選挙人登録など、それぞれの事務所に出向いて姓名変更手続きをする必要がある。それ以外にも雇用主はもちろん、金融機関やクレジットカード、医療保険や車両保険などの各種保険、自動車ローンをはじめとする契約関係、車や住宅の登記、職業にかかわる免許、ガス、電気、水道などの公共料金の支払い、医療機関、運動ジムやいろいろなサブスクリプション・サービスなど、日常生活を支えるさまざまな場面で姓変更の連絡が必要だ。

政府機関での手続きは、米国でも待ち時間が長いのが常だし、平日でないとできない。改姓するのは女性が多いとはいえ、ほとんどの女性が働いているので、仕事をしながらこうした作業をするのはひと苦労だと思う。さらに州によって改姓の手続きが若干異なるので、州ごとの改姓の手続き案内や申請書をセットにした「結婚後の改姓サポート・キット」を販売する支援サービスもあるくらいだ。

夫婦別姓にしている前述のクリッシー・テイゲンも、姓を変えなかったことについて「重大な決意というわけじゃなく、時間もなかったのよ」とツイッターに書いたことがある。女優など自分の姓名が仕事上のブランドになっている人も、プラグマティックな観点から結婚しても姓を変えない選択をする場合が多いのだろう。

†姓が違っても夫婦愛、家族愛は同じ

こうして私は「ミセス・夫の姓名」と呼ばれることも、名乗ることもなく、はたまた夫と姓

が違うことによる不都合を感じることもなく、気がつけば結婚して20年あまりが過ぎた。

義母は伝統を重んじるタイプとはいえ、私が夫の姓に改姓しないことについて異論はなかったようだ。米国でも「ファミリー」は大切にし、感謝祭などの祝日には全米にちらばった家族が集まり、「こうして祝うのが〇〇家の伝統」などと言ったりするが、ゆるいつながりであることも多い。大人になれば親から独立し、それぞれが自分の考えで自らの人生や家庭を築いていくので、「家督を継ぐ」「嫁に入る」といった概念はない。

大部分の妻は夫の姓に改姓するので、親子ともに同一の姓を使うことがほとんどだ。夫婦別姓でも子どもの姓は父親の姓にすることが多いようだが、母親の姓に合わせる、ハイフンで両親の姓をつなぐ、両親の姓を合体させる道を選ぶカップルもいる。親と子の姓が違うことを問題視する風潮はないものの、例えば飛行機に乗る時や病院など身元確認が必要な時に説明を求められることもある。また子ども自身が親と姓が違うことに疑問を持つかもしれないが、それは親が子どもに理由を説明すればよいことであり、「姓が違うと子どもがかわいそう」と考える人は少ない。個人の選択を尊重する米国では、夫婦同姓か別姓かにかかわらず、親自身が納得できる選択をし、親が子を愛し、皆が幸せに感じる家庭であることが何よりも大切だと考える。

それに最初は同じ姓を名乗っていた家族でも、離婚や再婚によって家族の姓が途中で統一できなくなる場合も少なくない。離婚や再婚により子の姓を変更しようとすると、州によって規定は異なるが、一般的には子どもの両親や子ども自身が姓の変更に合意して、裁判所に申し立てを行う必要がある。子どもの改姓手続きだってラクじゃないのだ。このため離婚はしたけれど子どもは父親と同じ姓のままで、その後、母親が再婚しても、子どもと同じ姓を維持するために夫婦別姓を選ぶ場合もある。いずれにしても、それぞれが自分たちの家庭にとってベストと思う選択をするだけだ。

さて私の義母は、離婚後も義父の姓を名乗り続けていた。旧姓に戻せば離婚したことが誰の目にも明らかになるので、古い世代の義母は姓の変更を望まなかったようだ。そんな義母だって、現代のアメリカ社会を生きている。70歳を過ぎた頃に、やはり一人暮らしは味気ないと思ったのか、インターネットを使って自力で交際相手を探し、73歳にして再婚。義母は今、ちょっと気取りたい時は「ミセス・現在の夫の姓名」を名乗って、幸せそうに暮らしている。古風な名乗り方をするからといって、生き方までずっと古風というわけではない。

こうして世相が変わっていく反面、米国では今も約7割の女性たちが夫の姓に改姓している。現在にいたるまでの歴史的、文化的な背景や、社会状況や人々の意識の変遷などについて、概観してみたい。

2 伝統的法理と「新世界」での矛盾

†引き継がれる英国の慣習

まずはアメリカ合衆国建国前後の結婚をとりまく環境について、歴史をさかのぼってみよう。英国の植民地として発展をはじめた米国は、1776年7月4日に「自由と平等」の理想を掲げ英国からの独立を宣言する。結婚後の姓を自由に選べる米国社会は、こうした建国理念が根底にある。その反面、今も大多数は妻が夫の姓に改姓するという傾向もまた、英国にルーツを持つ米国の歴史や宗教に大きな影響を受けている。キリスト教プロテスタント（清教徒）を中心に、多数のイギリス系移民が自由や経済的機会を求めて「新世界」であるアメリカ大陸に入植したのは、建国よりずっと以前の1600年代。こうしたヨーロッパからの入植者を迎える以前に、アメリカ大陸にはすでに4000万人の先住民族が住んでいたと言われているが、入植者が増えるに従い白人アングロサクソン系のプロテスタント（WASP：White Anglo-Saxon Protestant）の文化が支配的になった。

そのなかで結婚制度についても、英国の慣習法（コモン・ロー）に由来するカヴァチャー

(Coverture) の法理を受けついだ。英国の第1章でも触れたように、結婚により「夫と妻がひとつになる」ことへの象徴として夫の姓への改姓が強制された。キリスト教の新約聖書でも、例えば『エペソ人への手紙』の第5章22節に「妻たるものは、主に仕えるように自分の夫に仕えなさい」とあるように、妻が夫に従うことを説いているので、カヴァチャーの法理も当然のこととして受け止められたのだろう。

こうして女性は、妻になったとたんに法的アイデンティティを失った。法的には存在しなくなった既婚女性たちは、法的に何かを所有することもできなければ、契約を結ぶこともできない。独身時代には不動産や物品を売買、所有したりすることができた女性が、結婚と同時にすべての所有権を失い、夫の許可なしには何もできなくなった。

さらに既婚女性は、自分の体に対する権利も夫に委ねなければならなかった。つまり妻が働いて得た賃金も夫の所有物となり、子どもを産んでも子どもに関する権利はすべて夫のもの。離婚されたり、家を出たりしてしまえば、二度と子どもに会えなかった。また性的関係においても、夫が妻の体を自由にできた。妻に恒久的な傷を負わさない限り、夫は妻に対してレイプを含む性的行為や暴力行為を行う権利を持っていた。

現在は夫婦間であってもレイプは犯罪だと全米で認識されているが、米国では長い間、配偶者は性的暴力犯罪の告訴対象から除外されていた。ネブラスカ州が米国で最初に夫婦間レイプを禁じる州法を定めたのが1975年。その後、少しずつ他州にも広がり、全米でこうした配偶者除外がなくなったのは1993年だった。

米国最初のフェミニスト

もっともカヴァチャーの法理があるからといって、すべての夫が横暴で、すべての妻たちが黙って耐え忍ぶ日々を送っていたわけではない。たとえば第2代アメリカ合衆国大統領のジョン・アダムズの妻で、第6代合衆国大統領のジョン・クィンシー・アダムズの母でもあるアビゲイル・スミス・アダムズは、18世紀の女性とは思えない先駆的な態度を貫いている。

アビゲイル・スミスは1744年、マサチューセッツ州の牧師の娘として生まれた。一般的に女子は学校に行かなかった時代で、アビゲイルも正規の教育こそ受けなかったものの、母親から読み書きや算数を教わり、子どもの頃から聡明で熱心な読書家だった。弁護士だったジョン・アダムズとは英国からの独立を求めるなど思想的に共鳴する部分も多く、二人は1764年に結婚した。その後54年に及ぶ結婚生活を通して、アビゲイルはジョン・アダムズの愛する妻であるとともに、政治的な同志でもあり続けた。仕事で頻繁に旅に出た夫との間で、お互いの政治的な考えも含め、送り合った手紙は約1200通と言われる。

特に「女性たちのことを忘れないで（Remember the Ladies）」と、女性の権利を訴える手紙をジョン・アダムズに送ったことで、アビゲイルは米国史上最初のフェミニストとして語り継がれている。1776年、夫のジョンは13植民地の代表者で英国からの独立と独立後の国のあり方を討議する「大陸会議」に出席していた。カヴァチャーの法理により夫が絶対的権力を持つ状況を懸念していたアビゲイルは、3月31日付けのジョン宛ての手紙で、次のように訴えた。

「待ち望んでいた独立宣言をされたと聞きました。新たな法典を作る必要が出てくるかと思いますが、あなたには女性たちのことを忘れずに、先人たちよりも女性に対して寛容で好意的であってほしいと願います。今のように絶対的な権力を夫の手に与えないで。すべての男性は暴君になり得ることを忘れないで下さい。もし特別な配慮と注意が払われないのであれば、私たち女性には反乱を起こす決意があります。女性の声が反映されず、女性の代表者もなく作られた法に縛られるつもりはありません」

アビゲイルのこれほど強い訴えも、ジョンに「威勢のいい冗談」として聞き流されてしまった。そしてカヴァチャーの法理は、独立後の新たな米国の法や社会制度に受け継がれていった。

†姓名はアイデンティティの証

19世紀になると、女性の参政権や権利拡張を強く主張する女性たちが登場する。なかでもルーシー・ストーンは結婚後も「Lucy Stone（Only）」と署名し、近所の人から「ミセス・ブラックウェル」と夫の姓で呼ばれた時には、「どうかルーシー・ストーンと呼んで下さい」と返事をしたという徹底ぶりである。

ルーシー・ストーンは1818年8月13日に、マサチューセッツ州の農場で九人兄弟姉妹の8番目の子どもとして生まれた。当時の慣習通り父親が絶対的権力を握っており、母親が卵やチーズを売って得たわずかな収入も、すべて父親に取り上げられるのを見て育った。またルーシーの家には、夫に捨てられてルーシーの父に頼るしか生活の術がない叔母が居候をしていた。夫次第で妻の人生が大きく変わってしまう時代に育ったルーシーは、夫の支配を受けずにすむようにできるだけ高い教育を受け、結婚せずに自立することをめざした。

16歳から地元の学校で教えて学費を稼ぎ、米国で初めて女子学生と黒人学生に門戸を開いたオハイオ州のオーバリン大学に入学。1847年には、マサチューセッツ州で女性として初めて大学学位を取得した。学校で教えていた時も在学中も、男性よりはるかに低い賃金しか支払われないなどの性差別を経験したルーシーは、卒業後は各地で奴隷制度廃止と女性の権利を訴える講演を行った。また1850年には、米国初の女性の権利に関する会議をマサチューセッツ州で開催した。

当時は大多数の男性たちから激しい反発を受けたルーシーだが、英国生まれで哲学や文学、自己啓発に熱心なヘンリー・ブラックウェルはルーシーの講演に深く心を動かされ、結婚を申し込んだ。最初はルーシーに断られたものの、二人で何度か話し合ううちに「真の意味で平等で、お互いが助け合う理想の結婚を実行してみよう」という考えで一致し、1855年に結婚した。

二人は結婚の儀式からこだわった。キリスト教英国国教会による結婚の誓約は、神の聖なる定めに従い死が二人を分かつまで、新郎の場合は、富める時も貧しい時も、病める時も健やかなる時も、新婦を愛し慈しむことを神に誓う。新婦の場合もほぼ同じなのだが、新郎を愛し、慈しむだけでなく、「新郎に従う（to obey）」ことを誓うという文言が加わっている。当然、ルーシーはこの「新郎に従う」と言う部分は省いて結婚の誓いとした。

結婚後に女性が従来の自分の姓を捨て、夫の姓を名乗るという伝統についても「既婚女性のアイデンティティを法的に抹殺するもの」と、ルーシーは考えていた。このため結婚後に自分が生来の姓名を維持することで違法性はないか複数の高名な弁護士に相談した上で、結婚後もルーシー・ストーンと名乗り続けた。

ルーシーの結婚よりさらに15年も前に、やはり「新郎に従う」という文言を拒否した女性がいる。1890年から1892年まで全米女性参政権協会会長を務め、19世紀の女性の権利拡大運動の指導者として有名なエリザベス・キャディ・スタントンである。彼女はのちに記した『女の聖書（*The Women's Bible*）』の中で、「平等な関係に入る相手なのだから、従属は固く拒否した」と書いている。エリザベスは夫の姓のスタントンを名乗ったものの、男女ともにミドルネームを使うことが珍しかった当時、結婚前の姓であるキャディをミドルネームに採り入れた。

†すでに権利を持っていた「新世界」の女たち

こうした鉄の意志をもった女性たちが登場しても、参政権を含む女性の権利拡大はなかなか進まなかった。マサチューセッツ州全土でルーシーを中心に女性の参政権を求める請願運動を行った結果、「男性投票者と同じ資格がある女性に限り」、はじめて女性にも教育委員選出の投票権が与えられたのは1879年のことだった。ルーシーもボストンで投票を申し込んだものの、署名をする際に夫の姓を加えなければ投票を受け付けないと言われ、それを拒んだルーシーは投票に参加できなかった。

一方で、こうした制約とはまったく関係のない生活を送っている女性たちもいた。ヨーロッパから白人入植者がやってくる以前から、すでに「新世界」のアメリカ大陸で生活をしていたアメリカインディアンと呼ばれる先住民族である。一口にアメリカインディアンといっても、何百もの異なる部族がそれぞれに部族政府を持ち暮らしている。例えばニューヨーク州オンタリオ湖南岸周辺には、セネカ族、オノンダーガ族、モホーク族など6部族がイロコイ連邦を形成していた。伝承によれば、戦争状態にあったこれらの部族が17世紀に和平を結び、同盟したという。

これらの部族は母系社会で、クランマザー（部族の母）たちが合議制で、連邦を運営する首長を推挙、解任した。白人入植者の妻たちが夫の「庇護《ひご》（カヴァチャー）」の下ですべてを支配されるのに対して、農耕に携わるイロコイ連邦の女性たちは、自らの財産を所有し、子どもも母親に帰属し、政治や経済活動にも参加していた。イロコイ連邦は勇猛な男性戦士で知られるが、和平の上に築かれた連邦なので、首長は戦士以外の男性から選ばれ、盗みを働いたり、女性に暴力をふるったりしたことのある男性は除外されたという。

アメリカ全土に点在するアメリカインディアン部族は、それぞれ独自の生活様式を持っている。一般的に母系社会の部族では、結婚しても女性は自分の母方一族に属する姓を維持し、男性もまた自分の母が属する一族の姓を維持するので、別姓のままという伝統がある。

プロテスタントの白人の米国では、結婚は夫と妻という二人の人間の間で結ばれるものではなく、神との誓約と考えられていた。このため愛情のない結婚であっても、すべてを夫に取り上げられ、夫の暴力で妻が危険にさらされる状況でも、神との誓約を守るべく州法で離婚を禁じるなど、事実上、離婚は不可能な状況だった。これに対してアメリカインディアンのイロコイ連邦では、女性は男性からの暴力におびえることなく自由に生活できたという。

†白人の既婚女性にも財産権を

白人女性たちの訴えではなく、こうした先住民族の生活様式がきっかけとなり、白人の既婚女性にも財産権を認める流れができたのだから皮肉な話である。

ミシシッピー川の東に住んでいたアメリカインディアンのチカソー族も、夫婦といえど個人がそれぞれ契約や財産を持つ権利、負債の責任を負うという慣習をもっていた。1831年、チカソー族の妻を持つ白人男性がつくった借金のかたとして、ミシシッピー州の保安官がその家の奴隷の一人を差し押さえた。カヴァチャーの法理、そしてミシシッピー州の法律でも、妻の財産はすべて夫の財産と見なされていた。しかしチカソー族の妻は、その奴隷の所有権は自分にあり、夫の借金返済には充《あ》てられないと主張した。裁判ではチカソー族の慣習を根拠に、妻の所有権が認められたという。

白人にとって「未開地」に住むインディアン部族の妻に財産権が認められ、白人既婚女性には財産権が認められないという矛盾が露呈し、ミシシッピー州は1839年に「既婚婦人財産法」を制定した。その後ミシガン州、メイン州、テキサス州なども既婚女性に一定の財産権を認める州法をつくったが、いずれも妻の財産の「管理権」は夫の手に残るなどの制限つきだった。

1845年になると、ようやくニューヨーク州がより広範な権利を含む既婚婦人財産法を定めた。そこには婚姻時に女性が所有していた財産、自分で働いた賃金、譲り受けた遺産などは女性個人のものであり、夫が勝手に使ったり、夫の債務支払いに充てたりできないことが盛り込まれていた。

やがて白人社会においても、既婚女性にも契約や商取引、資産の取得を行う法的地位が認められるようになり、女性の法的身分の重みが増した。こうして職業やビジネスを確立した女性たちの中から、結婚しても生来の姓を変えたくないという声が上がりはじめた。

夫婦別姓を実践したパイオニアのルーシー・ストーンは1893年に亡くなったが、1921年にはニューヨークのジャーナリストらがその意思を継ぎ、ルーシー・ストーン同盟（Lucy Stone League）と呼ばれる女性の権利擁護団体を発足させた。モットーは、「夫が妻の姓を名乗る以上に、妻が夫の姓を名乗るべきではない。私の姓名は私のアイデンティティであり、失ってはいけない」。メンバーはジャーナリストや作家が中心だったが、賛同する男女は誰でも入会できた。

当時、結婚後も生来の姓名を維持する女性は「ルーシー・ストナー（Lucy Stoner＝ルーシー・ストーン主義の人）」と呼ばれることもあった。モダンダンスの母と呼ばれるイサドラ・ダンカン、女性で初めて大西洋を横断した飛行士のアメリア・イアハート、画家のジョージア・

オキーフ、ルーズベルト政権の労働長官として米国初の女性閣僚となったフランシス・パーキンスら20世紀初頭に名を馳せた女性たちは、みなルーシー・ストナーだった。

また1950年代に結婚し、のちに女性として史上初のアメリカ合衆国連邦最高裁判所判事となったサンドラ・デイ・オコナー、2人目の女性最高裁判事となったルース・ベイダー・ギンズバーグは、ともに結婚前の姓をミドルネームに残している。

3　女性解放の波

慣習の壁

結婚前の姓を使い続ける女性たちが少しずつ増えていったとはいえ、1950年頃までは結婚で妻が夫の姓に変えるという慣習に基づく州の法律や規則が根強く残っていた。しかし自動車やテレビや洗濯機など大型家電が普及し、「黄金時代」と呼ばれるほど経済繁栄を謳歌した1950年代以降は、女性の社会進出が進むにつれ結婚後も旧姓を使い続ける権利を求める訴訟が各地で起こされるようになった。もっとも、そうした権利が確立されるまでにはさらなる紆余《うよ》曲折があった。

シカゴの弁護士アントニア・E・ラゴさんは、結婚した後も、仕事上はもちろんのこと、地域での政治活動を含むすべての日常生活で、一貫して旧姓のラゴを名乗っていた。職業上の資格も、ラゴ姓で登録されていた。しかしイリノイ州の規則では、既婚女性は夫の姓でなければ選挙人名簿に登録できないことになっており、ラゴ姓では投票することができなかった。旧姓による選挙人登録を求めて訴訟を起こしたが、1945年のイリノイ州最高裁判所判決は「結婚により女性が旧姓を捨て、夫の姓を名乗ることは慣習法として確立されており、以前からの慣例である」として、ラゴさんに夫の姓で登録し直すことを求めた。

一方、オハイオ州で1961年に下された判決は、逆に既婚女性の旧姓使用を認めるものだった。選挙管理委員会に対し、既婚女性の旧姓を投票用紙に記載することを禁じるよう求めた裁判だったが、同州の最高裁判所は「女性が結婚に伴い父親の姓のかわりに、夫の姓へと改姓するのは、英語を話す国々での慣習にすぎない」「この慣習は不変のものではなく、法によって強制可能なものでもない」との意見を述べている。

そして1964年には、ついにアメリカ合衆国の連邦法として人種、皮膚の色、宗教、性別、出身国による雇用の差別を禁ずる公民権法が制定され、その第7編で女性の法的平等も保障されるようになった。ウーマンリブと呼ばれる女性解放運動が盛んとなり、結婚に伴って妻が夫の姓に改姓せざるを得ないような州法に対し、女性たちは各地で異議を申し立てた。それでも長年の伝統や慣習を反映した法制度が大きく変わるまでには、さらに10年あまりを要した。

例えばアラバマ州では、既婚女性は夫の姓を使わなければ運転免許証が申請できないという法に対し集団訴訟が起きた。しかし1971年の連邦地方裁判所判決では「夫の姓を使う慣習はほとんどの西洋文化で昔からの伝統であり、50州に共通している慣習。他州との統一性も重要」だとしてアラバマ州法を支持し、女性たちの訴えを退けた。

†選択権は女性のもの

結婚後の女性の姓について、ついに「女性には自由に選択する権利がある」と明言したのは、1975年のテネシー州最高裁判所判決である。同州にも既婚女性は夫の姓で登録しなければ、選挙人名簿から除外されるという州法があった。これに対して1973年、結婚前の姓名で公私にわたり活動してきた弁護士のロザリー・T・パレーモさんは、この州法は法の下での平等な保護を義務づけるアメリカ合衆国憲法修正第14条および、女性の参政権を保障する修正第19条に反するとして訴えを起こした。

州側は「女性が結婚により夫の姓に改姓するのは慣習法の義務であり、同州の法もこれに基づいたもの」と主張し、1975年に同州最高裁判所に達するまで争われた。州の最高裁判所は、テネシー州における制定法、慣習法や歴史的経緯、および各地での慣例や判例など様々な観点から審議した。

同最高裁のジョセフ・ヘンリー首席判事の書いた意見書では、「英国においても姓は本人の意思によって変更でき、一生のうちにいくつかの異なる姓を使う人もいた。家族が同じ姓を名乗るとは限らず、妻の姓に変える男性もいた」「英国のカヴァチャーの法理でもすべての例において女性が夫の姓を名乗ることを義務づけてはいない。むしろ女性が結婚で夫の姓に改姓するのは慣習や慣例であって、法の定めではない」といった事実に言及している。

その上で、同最高裁判所は既婚女性の姓について、「生来の姓を保持してもよいし、夫の姓を選んでもよい。選択権はその女性のものである。一貫して使用する名前であり、詐欺《さぎ》などの違法行為の意図がない限り、州政府が関与する余地はない」との明快な判断を下した。

１９７０年代前半にはテネシー州だけでなく、メリーランド州、ウィスコンシン州、ニューヨーク州でも「既婚女性の姓は慣習法で自動的に夫の姓になるのではなく、既婚女性は生来の姓を使う権利がある」という趣旨の判決が出された。こうして70年代半ば以降、既婚女性の姓に関する法的な制約はほぼなくなった。ウーマンリブ運動は全米に拡大し、多くの女性たちが四年制大学、さらには修士課程、博士課程へと進み、専門職に就いて社会進出をはじめた。それに伴い、結婚後もそのままの名前で、個人および職業上のアイデンティティを維持しようとする女性が増えていった。

†それでも夫の姓を名乗るわけ

ハーバード大学のクローディア・ゴールドウィン教授らは、マサチューセッツ州の出生記録やニューヨークタイムズ紙の結婚公告などをもとに女性の結婚後の姓について調査し、2004年に米国経済学会誌に発表している。結婚公告から分析したデータによれば、1975年の段階で結婚後も旧姓を維持していた女性は2％だったが、1980年までには大学卒業など高学歴の女性を中心に10％近くになり、1980年代半ばまでには20％へと急激に増えている。ただしそこで頭打ちとなり、1990年代からやや下降して20％弱で推移。1999年から再び上昇し、2001年の段階で結婚後も姓を変えない女性は約33％だった。

ゴールドウィン教授らは、結婚前の姓を使い続ける女性の割合が1990年代に減少傾向をみせた理由は不明としつつも、推測として次のような可能性をあげている。①ウーマンリブ運動が盛んだった80年代に「同調圧力」で結婚前の姓の維持にこだわっていた女性が、90年代には夫の姓への改姓も含め周囲を気にせずに選択するようになった、②70年代や80年代に比べて「結婚前の姓を維持すること」が、女性の平等な権利を公に支援する手段としてあまり着目されなくなった、③一般的に社会全体が保守的な価値観に傾き、旧姓維持を希望する人が減った——など。

21世紀に入っても、女性の結婚後の姓の選択傾向に大きな変化は見られないようだ。2015年に行われたＧｏｏｇｌｅの消費者調査によれば、結婚後も生来の姓を使っている女性は約20％で、それ以外に10％の女性が夫の姓と自分の姓をハイフンでつなぐ連結性、あるいは夫の姓に改姓しつつも普段は自分の姓を通称として使っているという回答だった。つまり女性が姓を自由に選べる現代の米国においても、7割の女性は結婚時に夫の姓を選んでいる。そうした背景には、どのような要因があるのだろうか。

4　常に更新を続けるアメリカ社会

†キリスト教の倫理観が色濃い米国

米国というと、伝統に縛られない自由で合理的な国というイメージを持つ人も多いかもしれない。しかしアメリカ社会には、今も家庭から政治に至るまでキリスト教の倫理観とそれに基づく伝統的価値観が根付いている。ギャラップ社の調査によれば、1980年代はアメリカ人の80％前後がキリスト教信者だった。その後、キリスト教信者の割合は2010年には75％、2020年には68％と年を追うごとに減少傾向にあるものの、ヨーロッパに比べても米国では宗教がはるかに人々の日常生活に浸透している。大都市から小さな町にいたるまで、住宅地にはいくつもの教会がある。歴代の大統領が聖書に手を置いて就任の宣誓をし、ドル紙幣や硬貨に「我々は神を信じる（In God We Trust）」と印《しる》されていることでもわかるかと思う。

米国は世界でもキリスト教プロテスタント人口がもっとも多く、その中でも非主流派で「聖書の記述を忠実に信じる」とされる「福音派（エヴァンジェリカルズ）」が最大規模だ。特に西部から南東部に広がる一帯は「バイブル・ベルト」と呼ばれ、福音派をはじめプロテスタントの中でもバプテスト派やキリスト教根本主義など保守的な会派の教会が無数にある。私もバイブル・ベルトに位置するテキサス州ダラス市の中心部に住んでいるが、自宅から車で5分以内のところに20以上の教会がある。

前述した通り、聖書ではしばしば「夫が妻を支配し、妻は夫に従う」ことを説いているため、こうした保守的な教会の信者は夫婦や家族のあり方についても家父長制的な考え方を受け入れ、中絶、同性結婚、性転換などには反対だ。アメリカ人の3人に1人が福音派を信仰していると いう推計があることを考えれば、現代のアメリカ社会がかなり保守的であっても不思議はない。

こうした保守的な態度は、結婚後の姓の選択に対する考え方にも影響する。２０１１年にカリフォルニア大学マーセッド校のローラ・ハミルトン教授が発表した調査では、約半数の回答者が「結婚したら女性が夫の姓を名乗ることを義務づける州法をつくるのは良い考え」と答えていた。またハフポストとYouGovによる2014年の調査では、過半数の米国人（57%）が「結婚時に女性は好きな方の姓を選べばよい」と答えているが、31%は「夫の姓に改姓すべき」と答えている。

さらに2017年11月のネバダ大学のロブネット教授（発達心理学）の調査によれば、「女性が結婚後に夫の姓を名乗らないと、夫が夫婦の力関係で弱いとみなされる」という。また同年『結婚による女性の姓の選択の結果』という別の研究を発表したポートランド州立大学のシェイファー教授（社会学）は、「女性は自分のことよりも、結婚や家族を優先すべき」という社会認識があるという。女性や高学歴の男性は、女性の結婚後の姓の選択を理由にその人への見方を変えることはないが、低学歴の男性は姓を変えない女性について「結婚をないがしろにしている」と考える傾向があるともいう。

このため女性が結婚後に自分の姓を維持したいと思っても、「自分勝手で結婚への忠誠心が薄いと思われる」とか、「夫が自分より弱い立場だと見られてしまうかもしれない」という心理的な葛藤を抱えることになる。また保守的な社会の雰囲気に加え、純粋に自らの信仰から「夫の姓に改姓するのが当然」と考える人や、「夫の姓を名乗り夫婦としての一体感を高めたい」と思う人も相当数いるだろう。さらには「もともと自分の姓が好きではなく、夫の姓の方が響きが良い」「別姓だと主義主張があると思われて面倒」など、さまざまな理由から今でも

7割の女性は「夫の姓への改姓」という選択に落ち着いているのかもしれない。

†時代の変化、LGBTQを含む多様性

そうはいっても、何ごとも常に変化していくのがアメリカ社会である。アメリカ人のキリスト教離れは続き、2019年に行われた米調査機関ピュー・リサーチ・センターの調べでは、キリスト教徒であると回答した人の割合は10年前より12ポイント低い65%。プロテスタントの中でも、近年では特に若い世代の間で福音派の割合が減っているという。逆に「無宗教」と答えた人の割合は2009年には17%だったのが、2019年には26%に上がっている。

婚姻率は人口1000に対して10・9件だった1972年をピークに下がりはじめ、2018年には6・5件にまで下がった。その一方で、初婚年齢は1975年には男性が20歳、女性が23歳だったが、2016年には男性が30歳、女性が28歳へと大きく上がっている。離婚率は1980年をピークに低下傾向にあるものの、結婚経験のある55歳から65歳のうち、43%は離婚経験者だった。米国の人口が増え続けているのに対し婚姻率が下がっているので、人々が昔ほど正式な結婚にはこだわらず、結婚する場合でも、男女とも高学歴かつ社会人として個人のライフスタイルを確立してからというケースが増えているのだろう。

かつては認められていなかった同性結婚も、2015年6月の連邦最高裁判所の判決をもっ

て全米で法的に認められるようになった。国勢調査によれば2019年には98万世帯が同性カップルであり、うち58%が正式に結婚していた。LGBTやノンバイナリー（既存の男女という性の概念にとらわれない）市民に対応するため、結婚許可申請書にある「新郎、新婦（groom, bride）」など性を特定する表現を、性にかかわらず使える「配偶者（spouse）」という言葉に変更したり、最近では既婚者がトランスジェンダーとして性別や名前を変更した場合に、新たな名前による結婚証明書を再発行したりできるように州法を改正する動きもでてきた。

同性婚の場合も、それぞれのカップルの考え方で結婚後の自分たちの姓を選択する。例えば38歳でバイデン政権の運輸長官に就任したピート・ブティジェッジ氏（フルネームはPeter Paul Montgomery Buttigieg）。同氏はインディアナ州サウスベンド市長を務めていた2015年に、ゲイであることを公表した。そして地元の中学校教員をしていたチャステンとデートアプリで出会い、3年間の交際を経て2018年に同性婚をした。結婚後の夫のチャステンのフルネームはChasten James Glezman Buttigiegで、ブティジェッジの姓を名乗っている。同性婚でも姓の選択はカップル次第で、新たな人生を作り上げていくという観点から、お互いの生来の姓とは無関係に二人が共通して好きな植物や言葉を使った全く新たな姓にすることもある。

†さまざまな伝統、それぞれの選択

多くの移民を受け入れる米国では、様々な国の文化や伝統も移民と共に持ち込まれ、社会に変化をもたらしていく。2020年の人口調査によれば、移民および米国内で生まれた移民の子どもが総人口の26%を占めていた。移民系市民の割合は、2065年までには36%まで増えるというのが、ピュー・リサーチ・センターの予測だ。

建国当時の米国は英国をはじめヨーロッパからの移民が中心だったが、今や移民の出身地域はアジアが28%（主に中国、インド、フィリピン）、メキシコが25%で、それ以外にも中東やアフリカ諸国を含む世界中から移民が集まってくる。当然、結婚で改姓する習慣がない文化圏からの移民もいる。こうした移民たちは、アメリカ社会に根を下ろしながらも、母国の文化や慣習、アイデンティティも大切にしたいという気持ちも持っている。

結婚後の姓についても、たとえばイスラム系の伝統では女性は夫の姓を名乗らないし、中国や韓国、ベトナム、台湾でも夫婦別姓である。スペイン語圏の多くの国では最初から二つの姓（父母のそれぞれの姓）を持ち、一般的に女性は婚姻後も旧姓を使う。一方で、アフガニスタンやインドネシアなどの出身で、姓と名の区別なく1語の名前の人もいる。インドネシアのスカルノ初代大統領（デヴィ夫人の夫）のように。

また移民を引き合いに出すまでもなく、先住民族のアメリカインディアンは560以上の異なる部族集団でそれぞれが独自の文化を持っている。19世紀末から連邦政府の同化政策により、西洋の生活様式への転換を強制されたが、アメリカインディアンには人生のステージごとに何回か名前を変える慣習や、1語の名前を使ったり、母系社会で子どもは母親の姓を名乗ったり、兄弟姉妹の姓がみな違ったりするなど、部族ごとに多様で豊かな伝統がある。

白人アングロサクソン系のプロテスタント文化を「アメリカの伝統」と考える保守派がいる一方で、市民一人ひとりの文化背景や考え方、多様性を尊重しようという意識も高まっている。2016年に結婚した人のうち、10%は異人種間の結婚で、8%は異なる国で生まれた人同士の国際結婚だった。結婚後の姓の選択についても、それぞれが自分たちカップルにとって、家族にとって一番ふさわしいと思うかたちで、これまで以上に自由に選択する人が増えるのではないだろうか。

†常に新たな時代を生きる

テネシー州の最高裁判所が、女性の結婚後の姓について「選択権はその女性のもの」という判断を下したのが1975年。それから半世紀近い時間が流れた。女性は社会のあらゆる分野で活躍するようになり、2021年には米国で初めて女性の副大統領が誕生した。同性婚者のブティジェッジ運輸長官の起用にもみられるように、バイデン政権はアメリカ社会の多様性を反映した多様な人材で政権を運営していきたいという考えだ。そしてカマラ・ハリス副大統領の家庭も、現在の米国を象徴する一例かもしれない。

カマラ・デヴィ・ハリス氏の夫で米国初の「セカンド・ジェントルマン」となったのは、弁護士のダグラス・エムホフ氏。それぞれがキャリアを確立している二人は夫婦別姓だが、熱愛カップルとして有名だ。エムホフ氏の最初の結婚で生まれたエラとコールは、自分たちとは姓が異なる新たな母親をママ（Mom）とカマラ（Kamala）を合体させた「モマラ（Momala）」というニックネームで呼ぶ。ハリス氏も「キャリアを通じて多くの肩書を得ましたが、私にとっては〝モマラ〟こそ、最も価値あるもの」と語り、家族愛をのぞかせる。

セカンド・ファミリー（副大統領一家）の一員となったエラ・エムホフはファッションデザイナー、モデルとして、コール・エムホフも芸能プロデューサーとして親元を離れて独立している。ハリス氏の母はインド出身で、父はジャマイカ出身。夫のエムホフ氏はユダヤ系。週末には、米国各地とインド、カナダ、イタリアなどに散らばる家族、親戚らと国境を越えてZoom家族会を開いている。

一方、ピート・ブティジェッジ運輸長官は2021年8月半ば、待望の養子を迎えられることになったと発表した（第I部扉参照）。新たな家族として加わったのは二卵性双生児。翌月には自身と夫のチャステン・ブティジェッジ氏が、それぞれの腕に小さな赤ちゃんを抱いて幸せそうにお互いを見つめ合う写真とともに、「ペネロペ・ローズ・ブティジェッジと、ジョセフ・オーガスト・ブティジェッジを家族に迎え入れる喜びに包まれています」というメッセージをソーシャルメディアで発表した。結婚も家族のかたちも、それぞれが自分らしく幸せに生きるためにますます多様化していくのだろう。

テネシー州最高裁判所のジョセフ・ヘンリー首席判事は、1975年の意見書にこう書いた。

「慣習上のルールを法律に転換してしまうことは、急速に拡大を続ける人々の自由という領域における事実上すべての進歩を抑え込み、阻んでしまう。私たちは、新たな時代を生きている。我々が過去四半世紀に、あらゆる慣習上のルールを法に適用していたなら、何百万ものアメリカ人の希望も、大志も、夢もくじかれ、それらが成就することはなかっただろう」

社会も人の生活様式も、時代とともに変わり続ける。そうした変化に後《おく》れをとりつつも、米国の法もまた、人々の多様な価値観を反映して少しずつ変わってきた。保守的な人、進歩的な人、信仰を大切にしている人、無宗教の人、自らのルーツである文化、伝統を継承したいと考える人、新たな結婚、家族のかたちで生きていく人など、あらゆる人々で社会は成り立っている。それぞれが自分なりの生き方を選び、お互いの価値観を尊重しながら心地よく生きていける社会をめざし、米国はいつの日も新しい時代を生きていくのかもしれない。

婚姻と姓	子どもの姓
夫婦別姓。結婚しても姓名は変わらない。 かつて台湾・香港では、妻が自らの姓の前に夫の姓を付け加える「冠姓」も。	父か母の姓から選択。一人っ子政策の影響で、「父の姓＋母の姓」をつける事例も。同じ両親の複数子に統一は求めない。台湾では、父か母の姓から選ぶが、合意できない場合は公的なくじ引き。

第6章　中国　姓は孤立から独立へ、モザイク模様の大国

筆者＝斎藤淳子（さいとう・じゅんこ）
北京在住ライター。米国で修士号取得後、北京に国費留学。JICA北京事務所、在北京日本大使館勤務を経て、現在は北京を拠点に共同通信、時事通信、NHKラジオなどに執筆・出演。『在中日本人108人のそれでも私たちが中国に住む理由』（CCCメディアハウス）、『日中対立を超える「発信力」』（日本僑報社）共著編のほか、読売新聞リレーエッセイ連載（2014〜18年）など。

1　男女平等の原則による夫婦別姓

†老いも若きも夫婦別姓が当たり前

中国では夫婦別姓だ。例えば、毛沢東（マオ・ツォートン）の妻の名前は生涯を通して「江青」（ジャン・チン）で、一度も「毛青」になったことはない。夫婦間の姓はもちろん、兄弟間でも父親姓と母親姓の両方があり得るので、姓が違うこともある。

筆者は中国人の夫と北京で結婚した。そのため、日本人同士の結婚にだけ適用される日本の民法の対象外で、自分の姓を維持して夫婦別姓とすることができた。このことは、結婚当時も今も実に好都合だ。当時、必要だった手続きは日中両政府への結婚届だけ。そのほかはパスポートも銀行口座も、会社での呼称も変更手続きは不要だった。まず、手続き上の煩雑《はんざつ》さがないだけでも十分助かった。

それだけではない。馴染んだ仕事上の「看板」を差し換える苦労も、夫の姓から私のプライバシーを勘繰られる居心地の悪さも経験せずに済んだ。義理の父と母も当然のことながら別姓なので、私が結婚後も同じ名前でいることに何の違和感もなく、話題にさえ上らなかった。そして、結婚後もずっと同じ「斎藤淳子」というアイデンティティを持って歩んで来ることができた。私が私で居られるのは何よりも有難いことだ。

社会言語学が専門の董傑（ドン・チエ）清華大学副教授は夫婦別姓による意識の影響について「結婚しようが離婚しようが姓を変える必要はないのだから、夫婦別姓により女性はより独立した意識を持つようになるのは自分の経験からも明らかだ」と語っている。全く同感だ。

北京でバリバリ働く40歳前後の既婚男性に「日本では、結婚後は夫婦は同姓でないといけないので、大多数の女性は、姓が変わる。中国でもそうだったらどう感じる?」と聞いたところ、「夫婦で姓が同じじゃないといけないというのはいかにも古い。良い感じはしない」「もう時代が以前とは違うし、自分の姓が変わるのはもちろん、妻の姓が変わるのもヘンで気持ちが悪い」と言う。彼らの頭の中には「家族の絆《きずな》のために夫と妻の姓は同じであるべき」という発想は欠片もない。

また、40代の働く女性の知人は、「私たちは既に自分の名前を名乗る権利を得てしまい、別姓でいることに慣れているので、仮にもこれを手放すなんて受け入れられないと思う」と言う。

さらに、生来の名前（鄭月娥）の前に夫姓（林）を冠して名乗っている香港長官の林鄭月娥（キャリー・ラム）氏を例に出し、この知人は「当時は夫の姓を加えるのが一つのステータスだったとは聞いているが、正直、この名前では夫から独立していない人間という印象を受ける」

と話す（婚姻後に夫の姓を妻の生来のフルネームの前に付ける冠姓については後述する）。

このように、「独立した女性が夫の姓を名乗るなんて想像できない」というのが私の周辺の北京の人たちの反応だ。別姓は彼らの生活に馴染んでいる。

†夫婦別姓と家族の絆

一方、日本には別姓によって夫婦間や家族間の絆が薄れると心配する声がある。果たして、夫婦別姓の中国はどうなっているのだろうか？　実は夫婦別姓の中国の家族のつながりは日本以上に強い。濃い伝統的家族関係の是非は一端置いておくが、中国では家族のためなら互いに労を惜しまずに身を粉にしてでも支え合うことを理想とする濃密な家族文化がある。

筆者は北京で結婚して20年経つが、その間、ほぼ毎週末に義理の父母の家に行き、私がご飯を作って会食をしてきた。北京の女友達に「すごいね、毎週？」と驚かれるところをみると、この頻度での義理の両親通いは北京でも少数派のようだ。ただ、夫は毎週末の両親訪問を彼自身の習慣としてやり通している。

そんな彼だが、私に行くことを強制したことは一度もない。私も気分がのらない時は行かないことがあるが、「オッケー、オッケー」とさっぱりしている。私のほうは「今週末は行かないで自分の時間を過ごす」と主張し、家でゆっくりしてみても、結局大して充実しないことが多い。そして、翌週はやはり夫と一緒に義父母の所に行ってしまう。行けば両親が喜んでくれるし、私も充実するからだ。

こんな感じで、幸いにも彼は潔く下駄を私に預けてくれたので、逆に私は自分の意思で選び、義父母との厨房と食卓の交流を楽しむことができた。だが、仮に「そのくらい、妻として、家族として当然」と押し付けられたとしたら、私は到底受け入れられなかっただろう。百歩譲って、一時は我慢したとしても精神的には圧がかかる。そして、その皺《しわ》は必ず夫婦や嫁姑関係に寄って、いつの日か「小さな」出来事をきっかけに爆発したに違いない。

大切なのは、強要ではなく、パートナーの自由な意思を尊重し合う態度だろう。尊重されているかどうかで、同じ夫の実家通いでも妻にとっての意味合いは全く変わってくる。考えてみると、この違いは、夫婦の姓にも言えることかもしれない。相手に対し、姓の変更を押し付けるのか、それとも対等な相棒としてリスペクトするかは本質的に違う。多くの女性が問題にしているのは、畢竟《ひっきょう》この違いなのではないだろうか。

話が少しずれてしまったが、中国での家族のつながりの深さに話を戻そう。中国の老夫婦は若夫婦の子育てを支援することが多いが、これも家族の絆の強さを示す一例だろう。中国の都市部では結婚後も出産後も女性が働き続けるのが当たり前だ。しかし、筆者の周りに0~3歳児用の保育施設はないし、そういう施設に乳児を預けたという人もいない。中国の女性の産休は日本より短いのに、施設がなくてもどうにかなっている。なぜそれでも回るかというと、フルタイムの家政婦の雇いやすさもさることながら、やはり祖父母による支援の存在があるからだろう。我が家も上の子どもが3歳で保育園に入るまでは生後4カ月から祖父母にお世話になった。

中国では老夫婦は孫の面倒を見ることを「老後の愉しみ」と期待したり、自分の役割と自負したりする文化がある。働き盛りの若夫婦は子どもを生んだあともバリバリ外で稼ぎ、第一線を退いた老夫婦が家の後方支援に回る。つまり、世代間で分担するのが中国式分業パターンだ。核家族が基本の日本では少し前まで、夫と妻の間で性別により分業していたのとは違って興味深い。

もちろん、前述のように家族といえども協力や支援を押し付けるべきではなく、選択は個々人の意思によるべきだ。ただ、中国の子育てに祖父母が大きく貢献していることからも明らかなのは、家族のつながりの深さと夫婦別姓との間には必然的な相関性はないということだ。夫婦別姓と家族の絆は別物である。実際、中国では共存している。

†「家庭革命」で実現した平等な夫婦別姓

本書の各章にあるように、世界を見回してみると夫婦別姓の議論が盛んになったのはほとんどが1980年代以降だ。中国はそれらにずっと先立って男女平等の原則に基づいた夫婦別姓を実現した。世界に先駆けた夫婦別姓はどのように導入されたのだろうか？

中国で男女平等の原則から夫婦別姓を定めたのは1950年の「婚姻法」だ。1949年に誕生したばかりの新生国家にとって、同法は土地改革とともに人口の半分に当たる女性を「社会と家庭の二重の抑圧から解放」し、民衆基盤として取り込んだ重要な法律と位置付けられている。

同国の婚姻は長年本人の意思に拠らず、親が家と家の関係の中で差配する封建的なものだった。それに対し、婚姻法では婚姻における夫婦間の関係は平等となり、当事者二人の「婚姻の自由」が初めて認められた。そして、「夫婦は自らの姓名を各自が使用する権利を持つ」と定められた。後述するように表面上は従来からの「夫婦別姓」と変わらなかったが、その思想は「男女平等の原則」に基づいたものへと質的に大きく変化した。この規定は2021年に施行された新民法典にも吸収され、そのまま今日に至っている。

柯倩婷（カ・チンティン）中山大学副教授（ジェンダー学）は婚姻法の実施の背景について、「男女は平等で、独立した人格をもち、女性は男性の附属物ではないといったマルクス主義の思想の影響ももちろん受けた。しかし、中国国内にも、革命初期の延安時代の頃にすでに本人の意思による自由な結婚など家庭内の平等を目指す『家庭革命』の根はあった。当時は政治運動的な性格が強く、革命思想の強い潮流下で初めて『家庭革命』も実現した」と指摘する。また、「婚姻の自由や夫婦別姓などを含む婚姻法の実現は、女性にとって大きな解放を意味する政策だった。同法の中には多くの先進的で徹底した男女平等の概念が含まれている」と述べる。「空の半分は女性が支える」と中国人なら誰でも知るキャッチフレーズにあるように、中国の女性は、国全体の政治運動の機運に乗って男性と平等に位置づけられた。また、結婚の自由と同時に自分の姓を結婚後も独立して使用する権利を一気に獲得したのだ。

こうして中国の女性は封建的な儒教思想からにわかに解放された。中国の女性が男女平等の原則のもとで独立した姓を名乗る権利を得たのは、柯副教授が指摘するように当時はかなり先進的だったといえるだろう。

†世界の女性起業家が中国から

実際に、現在の都市部の女性たちを見回しても、北京や上海などの大都市で暮らす女性たちは東京や大阪の女性よりはるかに「解放」されている。例えば、大学の女子学生の割合（2019年）は日本では44・5％だが、中国では52・5％に達し、大学院は50・6％でいずれも日本（修士課程が30％、博士課程が33％）より女性の比率が高い。中国の女性は日本より高学歴志向だ。

また、中国人女性はビジネス界にも活発に進出している。その存在感は、中国人女性の世界人口比（20%）を考慮に入れても突出している。例えば、フーゲワーフ研究院の「女性起業家富豪世界ランキング2021年」によると、資産10億ドル（約1100億円）以上を所有する（遺産などではなく自ら起業した）世界の女性起業家富豪130人のうち、85人（65%）が中国人女性だった。その他は米国が25人、アジア系はインド（2人）、以下シンガポール、韓国、オーストラリア、タイ、ベトナム、フィリピンが各1人で、日本はゼロだった。

さらに、都市別ではトップの北京（16人）に、上海（11人）、深センと杭州（ともに10人）、広州（7人）、サンフランシスコ（6人）が続いた。こうしてみると、中国の大都市は女性起業家富豪が最も多い世界都市でもあるようだ。

筆者も北京に長く生活しているが、女性として暮らすのに北京の居心地は悪くない。以前、米国のワシントンDCでも生活したので、東京も入れて三つの首都を比べてみると、同じアジアであるにもかかわらず、北京は東京よりもワシントンDCに近いように感じる。仕事文化もサバサバとしており、「実力」や「結果」が追求されて厳しい反面、「女らしさ」や「気が利くこと」は元から求められないからだ。

社会全体の雰囲気も東京と比べてユニセックスな色彩が強い。そのため、普段からあまり男女を意識せずに過ごすことができる。東京でお化粧をせずには出かけられないが、ワシントン

ＤＣや北京ならそれもアリだ。日本では当たり前とされる女性ゆえの遠慮や気づかいは北京では要らない。

2　日本、台湾、香港で異なる発展を遂げた中国の儒教的家文化

†現代と伝統が混在するモザイク型社会

このように、中国では70年前の革命により都市部の女性たちは独立して働き、稼ぎ、結婚し、そして自分の氏名を名乗る権利を一気に手に入れた。ところが、読者もご存じのとおり、中国は広くて深くて複雑だ。人口規模は日本の10倍以上で、地理的にもヨーロッパがすっぽり入る大きさの上、歴史も４０００年以上と長い。そのため、中国では常に相矛盾するものが混在しており、女性の置かれた状況も例外ではない。

上海大学の計迎春（ジ・インチュン）教授（社会学）は中国の家族関係を「モザイク型」と表現する。伝統的社会から脱皮して現代化していく西欧の「直線的」な発展とは異なり、中国では、現代と伝統がまるで「モザイク」の如く混在するという。中国のまだらで複雑な発展を上手く表現しており、膝を打った。

中国の家族のカタチはまさにモザイク模様だ。中国が男女平等の原則に立ち、妻が夫から独立した姓を名乗るようになった「先進性」の隣には、実は非常に根強い「男尊女卑」の伝統も混在している。

もともと、中国の人々は1000年以上にわたり儒教思想と父系家族主義の風習に縛られてきた。儒学の祖、孔子は三従・七去の教えによって夫婦関係を規定した。三従の教えとは「女性は幼いうちは父に、嫁したら夫に、老いれば子に従え」というもので、日本でも有名だ。七去は儒教の嫁ルールで、「夫の親に従わない女、子を産まない女、嫉妬する女、ふしだらな女、悪い病気をもつ女、多言な女、物を盗む女は夫の家から離縁を言い渡されても仕方がない」と説く。女性の人格を完全に否定するこれらの儒教思想は父系家族制度とともに中国社会に深く根付いてきた。

また、儒教と並んで重要だったのが父系家族制度だ。中国の家族制度は、父系の子孫の存続を目的としていた。中国の社会学・人類学の父とよばれる費孝通（フェイ・シャオトン）はそんな社会を「上に祖先、下に子孫がいて、誰もが上下左右につながる輪っかの一つとして生きてきた社会だった」と指摘する。祖先の加護を受けて生き、死後は子孫が線香を絶やさないことが人の成功を意味したという。

そのため、中国では父系家族の継承が何よりも重要とされ、「（男子の）子孫を絶やすのは三つの親不孝の中でも最大」と言い伝えられ、固く信じられてきた。

†父系血縁主義が作った豊富なボキャブラリー

こうした父系家族重視の伝統は21世紀の今日も注意深く見回すと発見できる。面白いので、親戚一同のポジションを示す中国語の語彙の豊かさを見てみよう。日本語にはない呼称がざっと数えても20以上ある。血統へのこだわりの強さと大家族の人間関係の複雑さが一目瞭然でわかる。

例えば、日本語や英語では「おばあちゃん」や「グランドマザー」の一言で終わりだが、中国語では父方の祖母は「ナイナイ（奶奶）」と呼ぶ。一方で、母方の祖母は外の婆と書いて「外婆（ワイポー）」、または「ラオラオ（姥姥）」と呼び、両者をはっきり区別する。

同様に従妹だけでも父方には、重要な屋内を意味する「堂～」を被せ、母方は、表面を意味する「表～」を兄、弟、姉、妹に足して8種類に細かく分けて呼ぶ。父方こそが家の中の重要な仲間で、母方は付き合い上の親戚という温度差が漢字からも伝わってくるだろう。重要なのは父方の血縁だけなのだ。

少し遠回りになったが、儒教の教えと父方の血縁に対するこだわりの強さを説明した理由は、それが嫁である妻の姓に決定的な影響を与えたからだ。つまり、中国の伝統社会は独自の固有名詞を発明してまで父方の血統にこだわった。その中で、夫の血を引かない妻がどう扱われたか、読者も想像して欲しい。ズバリ、妻は終始、子孫存続のための「外の者」で、伝統社会における夫婦別姓はその結果だったのだ。こうして妻は、結婚後も夫とも子どもとも違う生来の姓を名乗り続けた。

†外の者ゆえの孤立と「夫婦別姓」

これは、孫からみると、母方のお婆ちゃんは「外の」婆なので「外婆（ワイポー）」と呼ぶのと同じ理屈だ。子どもを自分の腹を痛めて生んだ母親でさえも、父系の血の理論では「外の」よそ者扱いだった。

また、このように嫁の存在理由は子孫作りだった。そのため、清朝までは、妻が子どもを生めない場合は「離婚するか、妾《めかけ》をもつか、養子を取る」権利が夫家族には法律（「大清律例」）で保障されていた。

男の子の跡継ぎ作りを重要視する同様の文化は日本でも近年まであったが、さすがに今では廃《すた》れているだろう。一方で、まだらなモザイク型社会の中国では、農村の一部では未だに「嫁は子孫存続のための外の者」という考えが根強く残っている。孤立ゆえの夫婦別姓のしっぽは今もまだ、存在する。

80年代生まれで、現在30代の広東人の筆者の友人によると、同級生の女友達は結婚後、数年経っても子どもが生まれなかったために義母から離婚を促され、夫もそれに無抵抗だったので、ほどなく離婚したという。

また、2021年に中国のドキュメンタリーランキングで上位になったネットテレビシリーズの『奇妙な蛋生』でも、35歳の妻が不妊治療の甲斐なく子宝を授からなかったために、四川省の義母と夫の家から追い出された話が登場する。妻は子どもを生むための「外の者」という感覚はまだ完全には消えていない。

このように、急速な経済発展を遂げた21世紀の今日も、儒教思想の影響は中国社会の一部にまだモザイクのタイルの如く残っている。中国の夫婦別姓の文脈で重要なのは、血統を示す父系家族の中で、妻は孤立していたために結婚後も姓が変わらなかった点だ。伝統的な中国社会にあった夫婦別姓は孤立した妻の存在を示すもので、前述した革命後の「男女平等の原則に基づいた夫婦別姓」とは正反対の代物だった。

†家系図ショック

ここで筆者が数年前に夫の家系図を見たときのエピソードを紹介しよう。夫の親戚が自ら編《へん》纂《さん》したという家系図を持参して北京の義父母の家に上京してきた。家族みんながわーわーと集まるなか、義母は黙ってそっぽを向いたまま微動だにしなかった。私も野次馬で駆け寄って、中国で初めて見る家系図なるものを覗いてみた。自分の名前がそこに書かれていると思うと何ともくすぐったい思いがした。

ところが、義父や夫の名前のほか、私の娘と息子の名前は書かれていたが、私の名前は何度もよく見たがそこにはなかった。最初は「私は外国人だからか？」と頭をよぎったが、そうではなかった。

それは、私は「嫁」だからだった。よく見たら、義母の名前もそこには記載されていなかった。

父系血統主義の伝統的な家系図において嫁は子どもを生むにすぎず、記録する価値の無い存在で、男の家系には入れないままなのだ。義母が固まっていた訳がその瞬間に理解できた。それにしても子どもは記されているのにその母親を記載しないとは、何という母親軽視の失礼な扱いだろうか！

後から知ったが、中国は地域差が大きいので家系図の書き方も色々ある。一番厳格な昔風のものだと、記載されるのは男性に限られ、父系に生まれた娘も除かれる。ただ、今では男性が父親となって生まれた娘は記載されるケースが多い。我が家の家系図にも夫の姉も我が娘の名前も記載されていた。

また、嫁に関してはこのケースのように記載ゼロの場合が多い。それ以外に、「女」とだけ書かれたり、「~氏」と出身家族の父親姓だけ書かれたりする場合もある。一部の地域では日本同様にフルネームで嫁の名前を記載し始めている現代改良版も出てきているという。

†板についた夫婦の家事分担

中国農村部の一部に今もなお残る父系血統主義の伝統と妻の孤立した立場について触れたが、次は全く別世界の都市部のようすを見てみよう。前述したように中国の都市部では革命による男女平等精神が浸透している。女性は男性と同じように外で働き、稼いでいるので家の中でも少なくとも半分の発言権を持っている。経済的な独立の影響は大きい。

北京で暮らしていると男性が近所の食材の買い出しから料理、子どもの保護者会まで妻と交代でこなす姿をよく見る。地元の小学校や中学校の保護者会の参加者は母親が一番多いが、父親や祖父母が一家を代表して来る家も少なくない。また、学校の担任が組織する携帯電話の連絡網にあたるグループチャットでも、多くの父親が発言してクラスの運営に関わっている。熱心な教育パパも多く、子どもの教育面でも北京の父親は大きな役割を果たしている。

また、父親が平日の昼間の保護者会に参加できるのは、中国の職場が日本より家庭に優しいこともある。これは会社に限らず、中国社会全体がそもそも「家」に関わることを日本より重視するためかも知れない。

父親が平日でも子どものために時間を使える背景は、ほかにもある。人事評価の際、「勤務態度」よりも「実績と結果」を重視するのが中国式だ。男性が会社を半日休んで子どもの予防注射や風邪の受診に行っても会社の人はそれほど気にしない。上司自身もそうしてきたこともあるし、ある程度、家のことをするのは当たり前と皆が考えているからだ。そもそも、会社に出勤しているかどうかは、実績さえ出していれば重要ではない。個人による結果主義なので、課されたノルマを達成するのは大変だが、プロセスは個人に任される。その分、家事や個人のことに柔軟に対応できるのは有難い。この辺は日本の会社に欠ける風通しの良さだ。

何より、北京と日本の男性を見て感じる決定的な違いは「育ち」だ。北京の男性たちは共働きだった親を見て育っている。友人や知人宅に食事に呼ばれていくと、台所で手際よく食材を切ったり、炒め物を作ったりしているのは大抵が夫で驚かされる。タクシーの運ちゃんと料理のコツなどの話題で盛り上がることも珍しくない。エプロン姿の男性は北京では「普通」だから、エプロンを付けて照れている人は見たことがない。北京には料理が上手な男性が多いのは筆者も意外だった。

こんな感じで夫婦の家事の分担を北京の男性は自然なこととして受け入れているので、家事が理屈ではなく、板についている。この点は、日本で専業主婦の母親と家では何もしない父親を見て育った男性とは対照的だ。

「俺も家事は結構やっている、夕食も作る！」と鼻の穴を大きくして高言する日本人男性は、まずもって家事の初心者だ。なぜなら、北京の男性たちのように、日頃から厨房に立ってサササッと手際よく夕食の準備と片づけをしている人にとっては、それは言いふらすべき「イベント」ではなく「当たり前の日常」だからだ。

こうしてみるとやはり育った環境の影響は大きい。その意味で北京では夫婦共働きが二世代、三世代と続いており、二人で家庭を運営するライフスタイルが馴染んでいる。彼らの家事は理屈ではなく年季が入っている。

†堂々とした女性と長い道

中国の職場はユニセックスな色合いゆえに女性にとっても日本より気を使わず楽なことは先に述べた。それだけでなく、おしゃれで勝気で出来る女性が多い上海などでは、男性がレディーファーストで女性に気を使ってくれることも多い。日本の理想の女性像は「出過ぎない」で「気が利く」ことが強調されるのに対し、中国には教育を受けたきちんとした子女たるもの、お姫様の如く「堂々と構えるべき」とする一つの理想像があるようだ。もちろん、これは行き過ぎると「お姫様病」などと揶揄《やゆ》されかねず、バランスが大事なのは言うまでもない。ただ、総じて北京や上海の女性は東京の女性よりはるかに「堂々と」している。

このように、日本人女性である筆者の目からみると、親の代から経済的に独立してきた都市部の中国人女性たちは、夫婦別姓をとっくの昔に実現しただけでなく、時には姫のようにさえ振る舞い、数歩も先を行っているように見える。しかし、彼女たちは決して現実に満足していないことにも触れておくべきだろう。

前出の董傑・清華大学副教授（社会言語学）は「家庭内での地位はパートナーと同等になったものの、社会全体の地位ではまだまだ。女性の社会進出は中低レベルの職に集中していて、ハイレベルのポストでは未だに男性が中心。職場でも同じ教育レベルなら男性を雇うし、家事や育児の負担はやはり女性のほうが多い」と指摘する。この辺りがモザイク模様の中国の複雑さだ。一筋縄では捉えられない。

中国は夫婦別姓を70年前に早々と実現し、我々の先を行く。しかし、それでも社会全体の女性の地位を考えると彼らが抱える課題はまだ多いのも事実だ。このことは、真に平等な社会の実現は容易ではないことを物語っている。夫婦別姓の実現に過度に期待せず、また、それだけに限定せずに男女の平等全般について広く考えていく必要がありそうだ。

†同じ家制度、日本は夫婦一体主義に発展

このように、中国では、妻は夫家族の姓を名乗ることが許されず「孤立」した別姓だった。日本には同じような別姓のルールはなかったのだろうか？　ここで、日本の状況を振り返り、両国の違いを比較してみよう。

日本では江戸時代まで苗字を持つ階級は一部に限られ、農民や商人など大部分の人は主に下の名前だけで通していた。ところが、明治に入ると、新たな国民管理の都合上、戸籍制度と連動して苗字の公称が必要となる。その結果、「苗字＋名前」という新しい呼び方が史上初めて確立されたという（尾脇秀和『氏名の誕生』）。こうして、一般人が姓名をもつようになり、夫婦の姓に関するルールも必要となった。

実は、日本でも妻が婚姻後も生家の苗字を名乗り続ける慣行は武士や公家などの特権階級では踏破されてきた（井戸田博史『氏と家族』）。この原則に従い、明治政府の公式見解である1876年の太政官指令ではいったん、「妻は原則として所生の苗字を名乗る」とされ、夫婦別姓が採用された経緯がある。つまり、上野千鶴子東京大学名誉教授（社会学）が「出身氏族のヒモつきの」と呼ぶ夫婦別姓は我が国でも採用されていたのだ（『近代家族の成立と終焉』）。

しかし、夫婦別姓はわずか2年後に一転する。井戸田博史によると、日本では血統よりも

「夫婦一体の生活実態」が強く意識されたためという。そして、1878年の民法草案では、「妻は夫の姓を名乗る」と法制史上初めて夫婦同姓が宣言された。続いて、1898年には明治民法が正式に成立し、今日まで続くことになる夫婦同姓の原則がつくられた。

結果として、同じ封建的な家族制度に根差した姓のルールを持つ日中で、中国は父系血統主義に基づく「男尊女卑ゆえの夫婦別姓」を維持し、それが逆に社会主義革命では「男女平等ゆえの夫婦別姓」への変化に都合よく働いた。つまり、妻の姓のルールは表面上は変わらないまま、位置づけだけが家族内の「孤立」した存在から革命を経て「独立」した姓へと180度変化したのだ。

中国が血に固執したのに対し、日本は明治以降、父系の血統よりも「夫婦の生活実態」による「夫婦の一体感」を重視して夫婦同姓を導入した。この「妻が同姓であることによる一体感」は確かに存在するし、このような「一緒にいる感覚」を大事にすることは悪いことではない。センチメンタルと言われようが、細やかな感性は日本文化の良さでもある。

ただ、120年以上経った今、この感性が夫婦別姓に関する議論に蓋をしてしまっているのは残念だ。結婚のカタチや個人の生き方が大きく変化した現在、「夫婦の一体感」以外にも大切にすべきものがあるように思う。

このように、中国の夫婦別姓は、父系家族による「よそ者」の妻に対する差別から「夫婦各自が自分の姓を名乗る権利のための」平等な制度へと一足飛びに近代化された。日中は同じ文化的ルーツを共有しながら、現代になって大きく分岐し、別のカタチに発展していった。

†台湾と香港の「冠姓」

中国大陸の一般庶民の間では、背後の論理は「孤立」から「独立」へと180度変わったものの、名前自体は一貫して夫婦別姓できた。ただ、歴史的にはもう一つの姓のルールがあった。それは、結婚後、女性は生来の姓の前に夫の姓を冠する「冠姓」と呼ばれる方式だ。大陸中国では現在は全く見かけなくなったが、冠姓は、国民党時代に法律化された。

1929年に中華民国民法が施行され「妻はその出生姓に夫の姓を冠する」と規定された。台湾では1930年に既に9割の漢族の既婚女性が冠姓だったというデータもあるので（頼王芬著『「姓」の継承、相続に関する社会言語学的研究』）、法の施行前から既にかなり主流の慣習だったようだ。このルールに倣《なら》って、蔣介石の妻の宋美齢も台湾では「蔣宋美齢」と呼ばれたのは有名だ。ただ、日本の占領下にあったため、正式に同民法が台湾で施行されたのは日本敗戦後の1945年以降になってからだ。

その後も台湾では冠姓の習慣は続いた。しかし、女性の社会進出などにより職場では冠姓にせず出生姓をそのまま使用する人が増え、次第に薄れた。正式には1998年の民法改正で、妻の出生姓を使用する夫婦別姓が原則と定められた。現在では冠姓を名乗るのは高齢者がほとんどで、若い世代から見ると冠姓は古臭い封建的な呼び方と映るようだ。

香港でも戦後はしばらく冠姓の習慣が残ったが、台湾同様に、現在はすでに過去の習慣となっている。本章冒頭で触れたように、香港特別行政区行政長官のキャリー・ラム氏の中国名は林鄭月娥だが、これも生来の鄭月娥という名前の前に夫の「林」姓を冠した冠姓だ。夫が名家出身の場合、冠姓は、社会的なステータスを示すものでもあったという。

ここまで述べてきたように、中国の姓は封建的な父系血統主義の影響を受けて形づくられてきた。日本もその影響を受けており、明治初期の近代的な姓名の導入期には中国と同様に結婚後の夫婦の姓を別姓にする案も一時期採用された経緯がある。

そして、台湾や香港では嫁を家の一員に迎え入れる「冠姓」が戦後も引き続き採用された。韓国については独立した章（第7章）があるのでここでは割愛するが、このようにアジアでは中国の儒教の影響が圧倒的に強く、いずれも女性は父親や夫を介して記録され認識される存在だった。そのため、姓のルールも女性は父親や夫に付属する者として形づくられてきた。

ただ、中国だけは社会主義革命を経て、一足飛びに男女平等化政策が「姓名の平等」を含む広い範囲で実施された。夫婦の姓に関しても、妻の姓の「孤立」が「独立」に一気に変化するというまさに「革命的」な歴史を経ている。その結果、日本が今日、頭を悩ませている夫婦別姓の導入は中国では70年前にあっさりと実現している。
かくして、中国では建国とともに女性は男性と平等で、自分の姓を名乗る権利があると認められ、夫婦間では夫婦別姓が根付いている。その結果、家庭内の役割分担や発言権など、実生活上の女性の地位も都市部を中心に尊重されてきた。しかし、ポスト夫婦別姓社会が必ず直面するもう一つのルール作りの動きは80年代以降に見られた。それは子どもの名前をめぐるルールだ。

3　ポスト夫婦別姓の課題——子どもの名前

中国が世界に先駆けて1950年の婚姻法で男女平等の原則に基づいた夫婦別姓を導入したのは先述した通りだ。しかし、子どもの名前に関しては、ほぼ世界の他の国の動きと時を同じくして、父親姓からの自由化と多様化のプロセスが見られた。今なお激変する家族のカタチとともに名前のルールも変化し続けている。中国の子どもの名前のつけ方は中国独特の新旧要因の混在によりユニークな発展を遂げている。以下詳しく見てみよう。

†「当然ながら父親姓」と「一人っ子」政策

男女平等の原則から夫婦別姓が早々に実現した中国でも、子どもの姓は「当然ながら父親姓」とする時代が長く続いた。法的には、1950年の婚姻法にも1958年の戸籍登記条例にも子どもの名前のつけ方に関する規定は一切出てこない。

子どもの名前のつけ方が最初に法規で取り上げられたのは1980年の婚姻法修正だった。そこでは「子どもは父親の姓を名乗っても、母親の姓を名乗っても良い」と記された。ここで初めて、父母両方の姓のどちらでも使用可能と認め、それを成文化した。

それまで「当然ながら父親姓」ゆえに法規さえ存在しなかった社会において、「母親の姓を名乗っても良い」と明記されるようになった背景は何だろうか？　一つには、当然のことながら、都市部では女性の社会進出が進み、男女平等の考え方が馴染んできたことがあるだろう。

もう一つは「一人っ子政策」の影響だ。1980年の婚姻法修正は、それまでの人口増加を受けて一気に抑制に舵をきり、夫婦に「計画生育を実施する義務」を課した。一夫婦が生むことができる子どもを原則一人に制限したのだ。同政策は2016年まで中国の家族を縛り、この国に全く新しい家族のカタチを創りだした。

以下、寄り道になるが一人っ子政策時代の市井の空気と近年の若者の結婚をめぐる風景についても触れておこう。2000年代に北京で中国人との間に二人の子どもを生んだ筆者も、実は同政策の影響を受けた者の一人だ。中国で生まれ、中国人の血を引く子どもは原則的に中国人と見なされる。そのため、一人っ子政策の適用を受けて、二人目以降を中国の戸籍に登録するには罰金が科されるからだ。

当時の北京の雰囲気は「そのうち、一人っ子政策も罰金も終わるはずだ。戸籍に登録しなくても、静かに暮らす限り問題ない。もう少しの辛抱さ」と周りの友人たちは囁《ささや》いていた。さすが、「上に政策有れば、下に対策有り」の国だけあって、国の決め事に対しても市民の距離感が違うと感心したものだった。

実際、罰金逃れのために、出生届けも戸籍登録もしない闇の子どもが大量に出現した。二人目を生んだ友人は小学校進学のために戸籍登録がいよいよ絶対に必要となるまで闇で過ごしていた。最終的には、その時点では一人っ子政策はまだ施行中だったので、しぶしぶ北京の平均年収の約7倍（当時の日本円で約200万円）の罰金を払って二人目の子どもを戸籍に載せてもらった。

しかし、その4年後の2016年に一人っ子政策は突然、終わった。今では三人目も歓迎というのだから、一体、あの罰金は何だったのだろうか？

読者も周知のように、少子高齢化対策が喫緊事となった今、中国の一人っ子政策は遠い過去へと葬り去られ、2021年には三人目の出産も容認されている。しかし、政府の旗振りとは裏腹に若夫婦の出産意欲は伸びていない。

そもそも、出産以前に近年の中国では日本と同様に、異性にそれほど興味がなく、シングルライフを謳歌する草食系（中国語で「佛系」）の若者が増加している。結婚率は年々減少し、離婚率に至っては日本の倍近くまで急増している。社会は急速に変化しているのだ。

政策転換後も出産率が増えない理由はほかにも、若夫婦自身が一人っ子同士のカップルなので、三人世帯というファミリースタイルが標準化していることがある。また、大都市では日本の何倍もする住宅コストや高額の塾費用、さらに親子三人四脚での過酷な受験競争など育児コストの重圧があるからだろう。このように、高度成長を果たした中国では恋愛、結婚、家族のカタチも人口構成も予想を上回る速さで変化している。

このように、一人っ子政策は２０１６年の廃止まで、35年以上続いた。その間「夫婦に子どもは一人」という家族のカタチが中国社会で根付き、子どもは「小皇帝」や両家の唯一の希望の星として家族の中でことさら大事にされるようになった。前述したように、ただでさえ跡継ぎを重視する伝統文化の根を持つ中国で、子どもは一人だけと限定されたのだから、その影響は底知れない。そこで新たに浮上したのが一人っ子の子どもの姓をどうするかという問題だ。

†一人っ子の新しい名前「父親姓＋母親姓」の登場

中国では夫婦平等の原則の上で、たった一人の子どもに両家の両方の姓をつけたいという要望が年々強まってきている。2017年に中国青年報が実施したアンケート調査によると、「周りに夫婦のどちらの姓を子どもにつけるかに関して夫婦間で対立した人がいる」と答えた人は37・8%にも上った。

ところが法律上では、先述したように、1980年の婚姻法修正で「父または母の姓を称する」と定められ、この原則は2021年の新民法典にも引き継がれている。では、どうしたものか？

中国の人々が頭をひねってつけてしまったのが「父親姓＋母親姓」だ。どういうことかというと、王貞という父と李明という母との間に生まれた娘の華ちゃんを王家と李家の両家の姓を受け継いで、王李華と名づけるパターンだ。従来の習慣なら父親姓だけを引き継いで王華としたが、近年は母親姓も加えるこの手の名前が増えている。劉楊子軒くんや、王李冬雨ちゃんなどがその一例で、いずれも劉や王が父親姓で、楊や李が母親姓だ。

これを中国語の語感ではピンとこない読者のために、日本語で例えるなら、服部パパと斎藤ママとの間に生まれた一人娘、花子の姓名を服部斎藤花子と名づけたということに等しい。オールインワンな解決法を考え出してしまったのだから大胆だ。

そして、「頭の柔らかい」理屈で、先の法律にもちゃんと合わせてしまっている。どういうことかというと、王李華の正式な姓はあくまで「王」である。「王李」という現行法で解釈できない新種の併記姓ではない、と言い張る。母親姓から取った李はどうみても「姓」だが、ここでは、「名の一部分」と理解する。「王」以外は名なのだと定義すれば、姓に求められる規定を逃れられ、自由だからだ。まるで一休さんのとんちの世界だ。

もう一度、日本語で例えるなら、服部斎藤花子の姓は、伝統的な父親姓の「服部」であり、名だけが超珍しい「斎藤花子」という解釈になる。幸いにも、中国の役所や学校では姓と名を分けずにフルネームで使うので、どこまでが姓でどこまでが名かという問題は表面化しにくい。

日本人だったら到底、考えつきもしないであろう「王という姓に李華という名」(日本語で例えるなら、服部という姓に斎藤花子という名)という解釈を考え出し、結果として父母両方の姓の並列を実現したのだからいかにも大胆で「柔軟」である。

†なし崩し的イノベーション

もう一点この新しい名前の登場で見えてくるのが、中国における法のルールと市井の現実の乖離《かいり》だ。実はこうした併記姓にみえる父親姓と母親姓を合わせた子どもの姓名は一人っ子政策が導入された80年代から少しずつ誕生していた。

つまり、一人っ子政策下で子どもの姓をめぐって夫婦や両家が喧嘩をしないように、法整備を待たずに「(姓は既存の姓に限定されるが)名は自由」であることを根拠に、このような一見両姓併記ふうの姓名は正規の子どものフルネームとして社会に浸透していたのだ。

このように中国で市井の現実がお上のルールに先行し、法は後付けで整備されるプロセスを神戸大学の梶谷懐教授（中国経済）は「なし崩し的ルール追従」と表現する。梶谷教授は中国のイノベーションの三つの特徴の一つにこれを挙げ、中国では企業が政府の規制を無視した行為をとり、なし崩し的に「制度」を変化させることがよくあると指摘する。

子どもの姓名に関しても両親は政府のルール（法制）の刷新や議論の成熟を待たずに、自分の子どもにつけたい名前をつけ、地方政府はそれを黙認した。その結果、名のイノベーションが起きていたわけだ。中国特有の「とにかくやってみる」「走りながら考える」という実践的な行動様式が子どもの名の変遷からも見えてくる。

†父親姓vs母親姓の比率は12対1

このように、中国では80年代以降、子どもの姓名のつけ方は一人っ子時代の必要性に迫られ、なし崩し的に変化してきた。次に直近の中国の子どもの姓名はどうなっているのか見てみよう。

２０２０年の中国全体の統計によると、父親姓と母親姓の比率は12対1だった。また、上海市では、父親姓が89・9％、母親姓が5・2％、父親姓と母親姓を同時に使ったものが4・9％だった。伝統的な父親姓が徐々に減り、母親姓や父母の両方の姓を並列させた姓が増えているのがわかる。

また、子どもの姓に関する意識調査（２０１７年の中国青年報）によると「子どもの母親姓を受け入れられるか」との問いに対し、「受け入れられる」と答えたのは男性は46％、女性は約63％だった。男性も半分弱が子どもの母親姓もアリだと考えている。この辺りの感覚は、夫婦間の別姓がアリかナシかで揉《も》めている日本より中国の方が解放されているのがわかる。

さらに、「子どもの姓は重要」と答えた人は、男性は約65％だったのに対し女性は約46％だった。一方、全体の約17％は「重要ではない」と答えている。男性のほうが姓へのこだわりが強いものの、姓は重要ではないと考える人も一定数出てきているのがわかる。たしかに、姓は重要か？　について考えることは、子どもの姓を夫婦間で争うより大事なことかもしれない。

†台湾ではくじ引きも！

ここで台湾の子どもの姓についても見てみよう。台湾の子どもの姓は、２０１７年の統計によると約98％が父親姓で、母親の姓は約２％だった。中国大陸と比べると母親の姓を使った姓はまだ少ない。台湾のほうが伝統色が強いのがわかる。

法整備は大陸では１９８０年の婚姻法修正で母親の姓についても可能となった点については先述した通りだが、台湾は１９８５年に「母親に男兄弟が居ない場合は、母親の姓にすることも協議可能」とされた。

ただ、正式に母親の姓が父親姓と平等に位置づけられ、自由に選択が可能となったのは2007年になってからのことだ。ここでは、「夫婦の協議による姓とする」と定められた。しかし、夫婦間の協議で決着がつかないケースが浮上した。すると、2008年の戸籍法では「夫婦の協議が合意できない場合は戸籍機関でのくじ引きによって決める」という解決法が導入されたのだ。子どもの姓を公的なくじ引きで決めるとは何とも衝撃的だ。

とはいえ、夫婦は平等で、子どもの姓も五分五分の重みで決めるべきとなった場合、もし双方が合意できなければ、くじ引きによって決めよう！　となるのは必然的な一つの着地点なのかもしれない。この方法を日本に当てはめると、もしも夫婦別姓が実現しないならば、夫婦間で同姓とする姓はくじ引きによって決定するという案もアリとなる。いずれにせよ、姓の意味も機能も変化していることを感じさせる珍ルールだ。

†変わる結婚と姓

前述の費孝通は「結婚は（分業された）男女が自分たちが生んだ子どもの扶養を共同で担う責任の約束だった」（1947年初版『生育制度』）と分析している。しかしだからこそ、男女の分業が全くなくなる「遠い将来」には、必ずしも男女が揃って扶養する必要性もなくなるだろうと予言している。
我々が生きる今日の世界はどうだろうか？　まさに男女の分業が極めて曖昧になりつつある時代ではないだろうか？　さらに、女と男を対立軸で捉えること自体が次第に時代遅れになろうとしている。だとすると、男女が共同で扶養する約束としての結婚は意義を失うだろう。子どものいない夫婦も当たり前の今日、少なくとも結婚のカタチが多様化するのは自然な流れといえそうだ。

さらに、費孝通は中国の父系血統主義に見られる単独継承システムは、社会身分と財産が無限な細分化を避けて継承されていくための「簡単で有効な方法だった」と指摘する。つまり、父系制の家制度は、社会に身分が設けられ、家には守るべき農地や商売、家伝の技術などの財産があった時代に、その身分と財産を効率的に継ぐための一つのシステムとして機能してきた。その中で、姓はその継承システムの記号の役割を負っていたのだろう。

この意味で現代の多くの家庭は身分制からも土地の継承からも解放されている。次世代に姓の記号を頼りに継がせるものはない。唯一、今日も姓に残された機能があるとすれば、それは「夫婦や家族の一体感」というロマンチックなフィクションだけかもしれない。

本稿では、中国の夫婦別姓に隠された儒教思想の根強い伝統と、その一方で、革命を経て都市部で根付いた男女平等の原則及びそれを体現した夫婦別姓について見てきた。中国とも微妙に異なる台湾も含めて比較することで、同じ儒教的土壌に根を張る日本の姓がたどった過去と現在がよりはっきり見えてきたのではないだろうか。

そして、中国では子どもの姓名に関しては市井の需要が実質上のイノベーションを巻き起こしている。これは、日本の将来を考える上でも一つの参考になるかもしれない。本来、人間がより公平により良く生きるためにつくられたのがルールである。逆にそれに振り回されて社会全体が疲弊してしまっては本末転倒だ。なにより、家族や結婚、姓のカタチはいずれも大きく変化している。現在と将来に生きる私たちにとって何がより良いかという主体性をもって、具体的な方策を議論すべきだろう。

こうしてみると、欧米先進国との比較はもちろん、お隣の中国や台湾との発展と比較しても夫婦別姓に関して日本は重い腰を上げるときを迎えているのではないだろうか。まさに、姓のいかんにかかわらず男女は一体であり、女性が良く生きることは、翻《ひるがえ》ってパートナーである男性にとっても豊かで生きやすい社会の実現を意味するのだから。

第7章　韓国　戸籍制度を破棄した、絶対的夫婦別姓の国

婚姻と姓	子どもの姓
「姓不変の原則」により、伝統的に夫婦別姓。 かつて、同姓同本禁婚の規定、戸主制度等があったが廃止に。	「子は父の姓と本貫に従う」（民法第781条）が原則だったが、「健康家庭基本計画（2021〜25年）」により新制度へ移行予定。

筆者＝伊東順子（いとう・じゅんこ）
ライター・翻訳業。愛知県生まれ。1990年に訪韓。ソウルで翻訳・編集プロダクション運営。2017年に「韓国を語らい・味わい・楽しむ雑誌『中くらいの友だち――韓くに手帖』」（皓星社）を創刊。著書に『韓国　現地からの報告――セウォル号事件から文在寅政権まで』（ちくま新書）、『もう日本を気にしなくなった韓国人』（洋泉社新書）、『ピビンバの国の女性たち』（講談社文庫）など。

韓国は絶対的夫婦別姓の国である。結婚しても改姓の必要がないのではなく、そもそも改姓はできない。姓は男系にして不変が原則。つまり女性は父親からのみ姓を受け継ぎ、またそれを自分の子に継がせることはできない。しかし近年、女性たちの頑張りにより、旧来の法制度は次々に変更が加えられている。

韓国の家族制度は古代中国から伝わった「儒教思想」と、近代日本から移植された「家制度」の影響を受けている。そこに南北分断と長期の軍事独裁政権による思想統制なども加わり、女性にとって非常に抑圧的なものとなった。東アジアにおいても、韓国女性の地位は抜きん出て低かったともいえる。

２０１６年に韓国で出版され、大ベストセラーとなった『82年生まれ、キム・ジヨン』（チョ・ナムジュ著）は日本でも出版され大いに話題になったが、日本の読者たちの多くは「キム・ジヨンは私だ」と共感しながらも、その母や祖母の時代の韓国女性の過酷な状況には、大きなタイムラグを感じたと思う。

その祖母が生まれた頃、韓国は日本の統治下にあった。

私たちは韓国人の姓や婚姻の歴史を考える際、そのことを避けて通ることはできない。しかも、それは東アジアにおける近代の開始時期と重なっていた。日本と同じく韓国でも、一般大衆にまで広がった「姓」を、国家が法的に管理しようと乗り出していた。

日本で「姓」や「婚姻」についての法律ができたのは明治維新から31年目の1898年だった。その「明治民法」を参考にした「民事令」が、韓国で施行されたのは1912年である。日本が考え出した法制度は韓国においてどのように受け入れられのか。またその後、独立して主権国家となった韓国は、日本統治下の法制度をどのように扱ったのか？　これは大変重要で議論も多い部分なのだが、ここでは「夫婦別姓」という本書のテーマに沿って「家族法」についてのみ、最小限必要と思われることにふれたいと思う。

最初に書いておきたいことは、日本から韓国に移植された法制度のうち、もっとも時代錯誤で差別的といわれた戸主制度と戸籍制度は、韓国女性たちの粘り強い運動により2005年に廃止された。長年、「家」という幻想を支えていた日本製の古い器は崩れ去り、人々は独立した個人として直接、国家と向き合う関係になったのである。

序「私には二つの名前がある」

†日本人女性は可哀想？

「私には名前が二つあります……」

今から30年前の1990年、留学生だった私は初級韓国語のクラスで、そんな作文を書いて発表したことがある。習い始めたばかりの韓国語、クラスメートはあまり反応してくれなかったが、一人身を乗り出してきた人がいた。

「日本人は結婚すると姓が変わるんですか？」

担任の女性教師だった。まだ初級だったので「イルム（名前）」という単語を使ったが、韓国語で正しくは「ソン（姓）」である。作文は次のような内容だった。


私は24歳で結婚して今の名前になった。でも、私にはその前に使っていた名前（旧姓）があり、日本では主にそちらを使っていた。ところが韓国に留学するにあたり、入学の手続きやビザ取得などで、全てをパスポートにある法律名にそろえる必要があった……。


クラスメートは日本人とアメリカ人がほとんどで、彼らにとって「改姓は当たり前の話」だったかもしれない。ところが、韓国人である担任教師にとってはそうではなかった。

「そんなことしたら、自分が自分でなくなってしまうじゃないですか！」

驚きながら、怒っている。ちょっと唇を突き出したような彼女の表情は、30年たった今もはっきり覚えている。「もっと詳しく聞きたい」と、授業後に引き止められた。

その頃、日本ではすでに夫婦別姓のための運動があった。私もその主張に強く共感して事実婚を選択した。ところが職場での不利益や周囲の圧力がすさまじく、結局「入籍」に追い込まれた。当時の職場では「旧姓使用」など認められず、せめてもの抵抗として免許証やキャッシュカードなどを旧姓のまま放置した。また友人関係では「旧姓」で通していた。

「でも、せっかく結婚したんだから、新しい苗字で呼ばなきゃ」

その人たちに悪気はないのは知っていたが、それでも内心はイライラした。

クラスで作文を発表したのは、韓国でも旧姓使用をしようと思ったからだ。そのための宣言文のつもりだった。

「そうですよ。自分の姓を取り戻すべきです。日本の女性は気の毒だ。自分だったら耐えられない」

担任の李先生は強くうなずいたが、私は少しあわてた。

「先生、可哀想なのは日本女性だけではないと思うんですよ。韓国もそうですよ。先生の李という名前はお父さんの姓ですよね？　お母さんはなんとおっしゃるんですか？」

90年代の韓国で大学の教壇に立っていた女性である。私の言わんとすることがわからないはずはなかった。韓国では夫婦別姓だが、同時に母子も別姓だった。夫婦の子どもは必ず父親の姓になると、法律で決められていたからだ。

当時の韓国の女性たちが置かれた状況が、「日本女性は気の毒」などと言っている場合ではないことは、現地で数カ月暮らしただけですぐにわかった。

日本でも話題となった『82年生まれ、キム・ジヨン』や映画『はちどり』（キム・ボラ監督、2018年）などの作品には、ちょうどその時代の韓国女性たちの過酷な状況がしっかり描かれている。後で詳しくふれるが、例えば当時の韓国では、「女の子だから」という理由で半ば公然と胎児の堕胎が行われていた。1990年は、出生における男女の性比が過去最高になった年だった。

その頃の韓国女性は、ともすれば日本女性以上に気の毒だったのだが、その後の頑張りはすばらしかった。最終的には男女差別の根源といわれた「戸主制度」も「戸籍制度」も一掃してしまったのだから。

その華麗な闘いについて書く前に、まずは韓国の「名前」の基本的なしくみや、歴史的変遷についておさえておきたい。そこで重要なのは中国や日本など周辺の大国の影響や、解放後の南北分断という状況下における韓国内部の政治権力の関係である。女性を差別したいという家父長制の意志は、その時代ごとに様々な方便を利用していた。（本章では「名前」は、姓名全般を含むこととする）

1　韓国人の名前と伝統

†姓と名

以前の日本には、少し誤解をしている人たちがいた。

「韓国は夫婦別姓なんですってね。進歩的ですね」

すでに述べたように、当時の韓国では夫婦別姓であるとともに母子も別姓。子どもは自動的に父親の姓を継ぐ。進歩的どころか、恐ろしく保守的であった。家族の中で父親と子どもたちが同じ姓であり、母親だけが別姓。それは慣習というだけでなく、民法で厳格に決められた強制力を持つものだった。

韓国人の名前は日本や中国など同じく、「姓」が先にきて、その後に「名」がくる。たとえば文在寅大統領の場合、ムン（文）が姓であり、ジェイン（在寅）が名前となる。

韓国人の姓は7世紀後半、中国の影響を受けて使用が始まったこともあり、漢字一文字の場合が多い。また歴史的な要因もあって姓の種類は他国に比べても少なく、例えば金《キム》、李《イ》、朴《パク》、崔《チエ》、鄭《チョン》という上位五つの姓だけで人口の半数を突破する。ちなみに文という姓は多いほうで、ランキングでは24位となっている。日本のメディアで韓国人の名前は、漢字表記（主に政治家）とカタカナ表記（芸能人など）が混在しているが、韓国ではハングル表記が一般的である。

さてムン大統領の家族は、妻キム・ジョンスク、長男ムン・ジュンヨン、長女ムン・ダへの四人である。夫婦は同じ大学の出身で、友人の紹介で交際を始めたそうだ。結婚したのは1981年、当時の法律では子どもたちは自動的に父親の姓となり、家族の中で妻だけが違う姓となった。ちなみに長男のムン・ジュンヨンさんは1982年生まれ、「キム・ジョン」と同じ歳である。男の子だったから、さぞかし喜ばれただろう。

日本ではしばしば夫婦別姓に反対する人の中に、「姓が違うと家族としての一体感がもてなくなる」という意見がある。私も韓国で暮らし始めた頃に、気になって母となった女性たちに聞いてみたが、質問の意図すら理解されなかった。家族の中で姓が違うのは自分だけでなく、母も姑も祖母もみんなそう。それは「当たり前」のことであって違和感などもったことがないと言われた。たしかに、そんなことで家族の一体感がくずれたら、韓国の家族は全てが崩壊してしまうことになる。

†韓国人のファミリーネーム

韓国人にとっては「当たり前の夫婦別姓」だったが、海外に出て困ったという人はいた。

「ファミリーネーム」という考え方が韓国と他国では違ったからだ。1970〜80年代、韓国ではとても多くの人が米国に移民した。当時の米国マジョリティの慣習としては妻が結婚とともに改姓、「〇〇ファミリー」として周囲とお付き合いをすることが多かった。

1970年代後半に米国移民した友人一家は、ご近所に「ユン・ファミリー」として迎え入れられ、父親はミスター・ユン、母親はミセス・ユンと呼ばれた。でも、実際のところ母親の姓はユンではなくオーだった。

「子どもだったから違和感はもたなかったけど、考えてみれば変よね。だって母は家の中で、自分はオー・ファミリーのメンバーなどと言っていたから」

ただ友人にとっての問題は、ファミリーネームよりもファーストネームの方だった。「チョンジュン」という韓国名は発音が難しいせいか、米国人の友人たちにちゃんと呼んでもらえず、そこである時期から学校などでは「エスター」というクリスチャンネームを使うようになった。家の中と外と二つの名前があったが、米国社会では通称を使う人も改名する人も多かったため、気にならなかったという。

そんな話を聞くと、かつて「名前が途中で変わるなんて、私が私でなくなる」と思っていた自分のこだわりがちっぽけにも思えてもくる。改姓が社会的に強制されるのでなく自由選択だったら、もう少し気楽に考えられたかもしれない。ちなみに知り合いの韓国人のテコンドーマスターは、米国に移民した後で名前を3回も変えた。

ところで韓国社会の文脈で「ファミリーネーム」といった場合に注意すべきなのは、それは「姓」だけではなく「本貫《ポングアン》」というものがセットになっていることだ。韓国民法第781条には「子は父の姓と本貫に従う」とあり、つまり子どもたちは父親の姓だけではなく、本貫も引き継ぐことになっている。

さて、本貫とは何なのか？　これが名前に含まれるということは、外国人には理解しづらい。でも、民法が改正され戸籍も廃止され、13桁の個人番号による登録の時代になっても、新たな家族関係登録簿に「本貫」の欄は残っている。

†同じ姓の人同士の結婚は禁止だった？

「本貫」とは一言でいえば、韓国人を父系ルーツ（始祖の出身地）によって分類するものだ。たとえば同じキム（金）という姓の人でも、本貫が異なれば同じ一族（ファミリー）とはみなされない。韓国の本貫でもっとも多いのは、始祖を加羅国（現在の慶尚南道金海市付近）の首露王とする「金海金氏」の一族。全国で約700万人近く、人口の約14％にあたる。いきなり古代史の世界に飛んでしまうようだが、本貫とはそういうものである。

私の友人にも「金海金氏」は大勢いるが（だって韓国人の7人に1人である）、世界的に有名な人といえば金大中《キムデジュン》元大統領だろう。その金大統領は2000年に北朝鮮の平壌《ピョンヤン》を訪問し、金《キム》正日《ジョンイル》総書記と初の南北首脳会談を行ったのだが、その際にも「二人の金氏は同じ本貫か?」が話題になった。

残念ながら金正日の本貫は「全州」ということで、両者は「本当の家族ではない」ということになった。ちなみに「全州金氏」は韓国だけで約20万人(北朝鮮についてはデータがない)。金海金氏に比べれば少ないが、それでも本当の家族が20万人もいるという感覚は、外国人にはよくわからない。しかし、この巨大な「本当の家族集団」が韓国ではとても重要な意味をもつ。この集団内部では、長らく結婚が法的に禁止されてきたからだ。

韓国の人たちは初対面で姓が同じだと本貫まで尋ねる習慣があるが、男女にとってはこれはとても重要なことだった。それによって、あらかじめ結婚できない関係かどうかを知ることができるからだ。

「同姓同本禁婚制」は1997年に違憲判決が出て、その後に廃棄されてしまったが、世界的にも珍しい法律だったせいか、最近も日本の人に聞かれた。

「韓国では同じ姓の人は結婚できないと聞いたんですが、それは本当なんですか?」

今はもう大丈夫だと断りながら、一応の説明はした。それは「同じ姓」ではなく「同じ姓と本貫」なのだと。先の例でいえば、金大中と金正日は姓は同じでも本貫が異なるので、男女であれば結婚できる間柄ではあった。

†「民族の伝統」という伝家の宝刀

私が韓国で暮らし始めた1990年代には、この悪名高き「同姓同本禁婚制」が法律として存在しており、その改正をめぐって侃々諤々《かんかんがくがく》の論争が行われていた。悪名高きというのは、これほど非科学的で、非文明的で、かつ多くの人を不幸にさせる法律は他に類を見ないという意味だ。

そもそも最大人口の金海金氏を筆頭に、密陽朴氏、全州李氏など、いずれも何百万人もの巨大人口を有する集団が「結婚できない近親者」などというのは、ファンタジーにもほどがある。しかも母系については「4親等までの結婚は禁止」という世界標準的なルールであるのに、父系についてのみ古代の神話世界にまでさかのぼろうというのである。

もちろん、法律を残したい側とて、それが科学的でないことも、不合理であることも百も承知だった。彼らが常に振りかざしたのは「民族の伝統」という伝家の宝刀だった。

今の韓国の若者なら「そんなものは幻想」だと逆に一刀両断にもするだろうが、当時の保守系民族主義者はパワーを持っていた。彼らの主張によれば、それは過去の東アジアにおいて最も文明的なルールであったし、あの過酷な日本統治下にあっても守り通してきた、民族の誇りある伝統遺産なのだと。

1910年の日韓併合前後から、日本の様々な法制度や社会システムが近代化の名のもとに移植され、韓国の伝統と反発し合いながら融合していった。さらに日米開戦を前にした1940年代になると、暴走する軍国主義日本は、韓国人の言葉や名前までも奪おうという同化政策「皇民化政策」を実施する。

「夫婦別姓」というテーマに寄せるなら、この皇民化政策下の5年間のみが、朝鮮半島で「夫婦同姓」が実施されたことになる。ここからも日本の夫婦同姓と天皇制のつながりが推し量られるのだが、こんな時期でもなぜか「同姓同本禁婚」という制度は弾圧されずに、生き残ったのである。男たちの共犯関係が透けて見える。

解放後、韓国の女性運動にとっての2大テーマは、この「同姓同本禁婚制度」と「戸主制度」の廃止だった。前者は中国から伝わり韓国の伝統となった差別法であり、後者は帝国日本が残した悪法。両者が結託して女性を抑圧したのが、韓国近代100年の歴史だった。

2　韓国における姓と戸籍の歴史――帝国日本がもたらした「戸主制度」

†近代以前の戸籍

近代以前の朝鮮半島にも戸籍に類するものはあった。「どこに誰が住んでいるか」を把握することは、どんな時代でも支配する側（年貢や税金を取り立てる側）には必要だからだ。したがって、それは実際の居住者を記録する住民台帳のようなものであり、家族関係を表した近代以降の戸籍とは性格を異にする。また過去には「姓と本貫」を持つのは貴族階級だけであり、それ以外の人々は「名」を持つだけだった。

姓が一般に普及し始めるのは朝鮮時代（1392～1894）からであり、18世紀には人口の約40％が姓と本貫を持つにいたったという（諸説あり）。ただ、当時の戸籍を見てみると、家長である男性とその父や祖父については名がきちんと記されているのに対し、妻や母親は名の記載がない。

そこにあるのは「金氏」とか「朴氏」とか彼女らの姓のみ。つまり重要だったのは女性たち本人ではなく、彼女たちの父親が誰かということだった。だから母も妻も名無しなのに、彼女たちの父親の名前はやけに詳しく記してある。（こういう韓国の父系主義に対するリベンジ小説が『82年生まれ、キム・ジヨン』だった。こちらは女たち全てがフルネームで登場、逆に男たちには名前が与えられなかった）

また朝鮮時代は身分制が厳しく、奴婢《ぬひ》階層が人口の半数近くに達した時期もあったといわれる。当時の戸籍を見ると、女性たちは姓だけで名がない一方、奴婢たちは姓がなく名だけが記載されている。奴婢が解放されるのは、身分制が廃止された1894年の甲午改革である。その後、朝鮮では全ての人に姓と本貫が与えられることになった。

また、これ以降の戸籍には「戸主」という言葉が登場し、日本の民法の影響を強く受けることになる。

†民籍法（1909）と朝鮮民事令（1912）

日韓併合の前年である1909年に、「民籍法」が大韓帝国の法律として公布・施行される。この時、韓国の内政は既に帝国日本の監督下にあり、民籍法も政府の内部にいた日本人警察官僚によって立案されたものだった。したがって「民籍」の様式は、日本の「旧戸籍」とそっくりである。両者を実際に見比べてみると、面白いことに気づく。

戸籍には「本籍地」があり、次に「戸主」の欄がある。そこには氏名の他に、「族称」「前戸いく。

主との続柄」「父」「母」「出生年月日」などの項目があり、次に「妻」や「子」の欄が続いていく。

韓国人用の民籍との違いは一カ所だけだ。戸籍の「族称」の欄が、民籍では「本」となっている。「族称」というのは、「華族」とか「士族」といった身分のこと、「本」は「本貫」である。デザインが一緒なだけに、日本と韓国の支配層にとっての「こだわり」がよくわかる。

注目すべきは名の欄だ。日本では、このちょうど10年前に民法が施行されていた。そこで初めて「妻は婚姻によって夫の家に入る」「戸主とその家族は全て同姓」と、「夫婦同姓」が法的に定められていた。

日本の場合、姓は戸主と同じなので、母や妻の欄には「シカ」とか「しずゑ」とか、名だけが記されている。ところが韓国の民籍の方はやはり、母や妻は「朴氏」とか「尹氏」の世界なのである。まだ名前はない。

1910年の日韓併合で韓国は日本の完全な支配下となり、1912年には日本の民法にあたる「朝鮮民事令」が交付・施行される。その大部分は「日本の民法の規定を適用する」とされたが、いくつか例外として「韓国人の慣習に依る」とされたものがあった。その「慣習」として認められたのが、「親族・宗族に関する規定」のうち、「異姓不養」、「姓の不変」、そして「同姓同本の禁婚」だった。

†家制度と儒教原理主義

「同姓同本の禁婚」については既にふれたが、「異姓不養」というのもまた日本にはない儒教的ルールだった。これは養子をとる際に同じ姓と本貫の人しか認めないというものだ。具体的にいえば、跡取り息子がいない場合、日本なら妻の実家筋からも養子に迎えることができるが、韓国でそれは許されなかった。

それは「姓の不変」という大原則と大きく関係がある。「父親からもらった姓は何があっても変えてはいけない」という儒教の教え。したがって異姓養子も婿養子も一般的な養子縁組も、姓を変更するような行為は全てがダメ。だから結婚しても夫婦は絶対に別姓、どちらかが改姓することはありえないのである。

この厳格な父系血統主義の韓国から見たら、日本の家制度はどこか御都合主義で不純に見えたようだ。

「日本は儒教の教えを守らない野蛮な国。なんと、いとこ同士でも結婚するらしい」

私が韓国で暮らしはじめた1990年代でも、このタイプの日本批判はよく聞いた。

明治政府は日本国内でも相当苦労して、国民に氏名や家族などの近代的概念を普及しようとした。そもそも明治時代というのは、西洋的な近代化と王政復古を折衷《せっちゅう》したもので、法も政治もかなりアクロバット的だった（文化はハイブリッドで面白いものもあったが）。

そのせいか、明治維新から民法制定による戸籍制度の実施までは、なんと31年もかかっている。ちなみに日本が法的に夫婦同姓となったのはこの時からであり、その意味では古来からの日本の伝統や習慣とは全く関係のないものだ。

なんとか天皇制と家制度とを結びつけ、国民を家族単位で管理しようとした明治政府は、併合した韓国でも同じ試みをしようとした。家長に「戸主」という身分を与え、一家を統率する権限を法的に保障してやる。ところが予想以上に、原理主義的な儒教思想と、姓と本貫を同じくする宗族集団の力は強大であり、全てを日本式にすることは簡単ではなかった。

そこで当初は全面対決を避け、家族制度に関わる部分では妥協的だった。時に「戸籍には、女性も名前を書いてくださいね」と通牒《つうちょう》を出したりはしていたが。帝国主義下で宗主国と植民地の支配層は、相互の利益のために協力体制を取るのが一般的だ。

ところが、日中戦争が本格化したあたりから、帝国日本の内部では様々な不協和音とともに一部勢力の暴走が始まっていた。それは植民地統治の方法論にも反映され、日本の韓国支配は大きく方向転換することになる。その象徴ともいえるのが1939年に公布され、翌年2月に施行された「朝鮮民事令の改正」だった。

†「創氏改名」(1940)と同時に行われた「夫婦同姓」

1940年の「朝鮮民事令の改正」は、「創氏改名」を実施したことで悪名が高い。「創氏改名」によって韓国人の多くが日本的な姓を名乗ることになり、また同時期に徹底された学校教育での日本語の強要などもあり、帝国日本による同化政策はまさに民族文化を抹殺するものとなっていた。大切な部分だが、字数の制限があるので、これ以上はふれない。本書のテーマにのみに寄せて考えるならば、この時に初めて韓国人に「夫婦同姓」が強要された。それまで「韓国の慣習に従う」とされ、日本の民法が適用されなかった「姓の不変」という大原則が、ここで崩されたのだ。異姓養子も婿養子も認めなければならなかった。

「創氏」とは「家の称号として氏を創ること」の強要だった。その「氏」は「戸主が定める」とされた。妻も母もこれまでの「父の姓」ではなく、戸主である夫や息子と同じ「氏」を名乗ることになる。その「氏」としては「日本的なもの」が徹底推奨され、実質的には「強制」のような状態になっていったのである。

当時の戸籍を見ると、それまで別姓であった妻の姓に朱が入れられている。この頃になると、妻も姓と名がきちんと記載されており、姓を抹消する朱線は痛々しい。しかし、ここまできてもやはり「姓及本貫」の欄は残っている。実はこの時の民事令改正でも「同姓同本禁婚制」は残されており、それを見分けるために韓国式の「姓と本貫」の記載は必要だった。

しかし、韓国における「夫婦同姓」は長くは続かなかった。5年後の1945年8月に日本は敗戦、韓国は解放される。人々はまたたくまに「本来の名前」を復活させ、夫婦はまた別姓に戻った。ところが「戸籍」や「戸主制度」はそのままだった。この帝国日本の置き土産が完全に廃止されるのは、それから60年後である。日本の植民地支配の36年よりもはるかに長い年月、韓国女性にとっては文字通りの長期戦となった。

3　解放後の家族法改正運動

†「日帝残滓」としての戸主制度

日本による36年間の韓国支配は、その始まりが近代の入り口と重なったために、多くの「近代的法制度」がそのまま残されることになった。もちろん先進的なシステムもあったが、解放後になっても旧植民地の人々を苦しめるような悪法もあった。

韓国では植民地時代に日本が残した文化習慣を「日帝残滓《ざんし》」と呼んで除去対象にしているが、女性たちにとっては「戸主制度」こそが、まさにその代表だった。

アイロニカルなのは、日本の方が戦後の早い時期に、GHQの指導で新憲法をはじめとする民主的な法制度への移行が進んだことだ。韓国は解放後も朝鮮戦争と南北分断による混乱が続いて新国家建設が遅れたうえに、クーデターで政権を掌握した軍部勢力はむしろ帝国日本の野蛮なシステムを再利用した。

女性たちは新しい家族法の成立を願っていた。朝鮮戦争休戦後、ただちに女性団体による「家族法改正運動」も始まった。目標は「戸主制度の廃止」。それは先に発布されていた新憲法が掲げる「男女平等」にも反する。

日本の旧民法の「戸主」は単なる戸籍の筆頭者ではなく、「戸主権」という法的権利を有する「身分」だった。家族のメンバーは戸主の許可がなければ進学も引っ越しも結婚もできなかった。今も父親の権限が強い家庭はあるかもしれないが、それに従わなかったからといって法律違反にはならない。さらにその「身分」は全財産とともに、原則として「長男」に引き継がれた。長男がいなければ次男と、男女差別は合法的だった。

日本は1947年に新たな民法を制定して、この戸主制度を廃止してしまった。「戸籍」は残ったが、もはや筆頭者に法的権力はなかった。家族は法的に平等で民主的な関係になり、財産も子どもたちが均等に相続できるようになった。

ところが韓国の場合は、それがスムーズに進まなかった。日本では既に消滅した「明治の亡霊」が、韓国では長らく生存を続けたのである。

†悲願の家族法改正（1989）

「日本はGHQが主導して、さっさと民法を改正してくれた。それがなかった韓国女性たちは、自力で日本が残した旧民法と戦うしかなかったんですよね」

と言うのは毎日新聞記者で、昨年までソウル支局長も務めていた堀山明子さんだ。実は韓国の家族法改正運動に関する最初の学術論文は、堀山さんが津田塾大学在学中に書いた『韓国家族法改正運動小史――「日帝」残滓としての戸主制度廃止論を中心に』である。当時としては画期的なアプローチであり、その分野では大変高く評価されている。現在、お茶の水女子大学でジェンダー研究をしている申琪《シンキ》榮《ヨン》教授も、先行研究を調べながらこの論文を見つけた時は本当に驚いたという。

「1990年に、しかも日本人の大学生の卒業論文ですよ……」

その頃の日本女性は意識が高かったのである。なのに我々はこの30年、何をしていたのだろう。冒頭にも書いたが、同じ時期に夫婦別姓と格闘していた私は、それが今も実現していない現実に忸怩《じくじ》たる思いである。後続世代に申し訳ないと思っている。「私たちは反省すべき」という話を堀山さんともしたが、日本についてはまた別の機会にするとして、ここでは韓国の家族法改正の話を続ける。

当時、大学生だった堀山さんが論文を書くきっかけとなったのは、1989年に韓国国会で家族法改正法案が通過したことだった。韓国の民法改正運動には二つの金字塔があり、その一つが1989年の「家族法改正」であり、もう一つが2005年の「戸主制度廃止」である。

この1989年の改正で改正派と反対派の議論の焦点となったのは、果たして「戸主制度が韓国の伝統か、日本から移植された制度か」という点だった。

†儒教団体の抵抗

既に1950年代から女性団体は戸主制度廃止を訴え、家族法改正運動を進めてきたが、そこに大きな壁として立ちはだかったのは、保守系の民族主義団体だった。その中心は儒教者たちであり、彼らは戸主制度をあたかも「韓国の伝統」のように主張していた。

解放後の韓国は、南北分断と冷戦の影響で、社会の思想状況がひどく偏っていた。進歩的な思想の持ち主は解放後に北朝鮮に行ったり、共産主義者としてパージされたり。そこで、今となっては「なんで?」というような儒教者集団が、とても大きなパワーをもっていた。

彼らにはミッションがあった。それは韓国を日本に支配される以前の「本来の姿」に戻そうというもの。そこで日本統治時代に失われた儒教施設や団体をどんどん復活させていた。前出の堀山さんの論文によれば、「男女七歳不同席」という儒教論理を持ち込んで男女共学を禁じたり、教科書にも儒教道徳を盛り込むなどのパワフルな活動をしていた。それは彼らなりの「日帝残滓の一掃」だった。

その保守派勢力が「韓国の伝統」と主張してきた戸主制度こそが、実は「日帝残滓」であること。父系血統主義を守るための法的な器が、そもそも「日本製」であるという事実を、歴史的、理論的につきつけられたら、保守系民族団体はもはや過去と同じ論法では対抗できない。

もちろん、男女平等のための闘いとしては、これはいささか「変法」ではある。両性の平等に反すると正面突破するのではなく、それが日本製であるからダメなんだという。しかし、大学生だった堀山さんが気づいたように、それが「日帝残滓」との闘いである以上、私たち日本人にとっても他人事ではない。私たちも同じく「旧時代の残滓」である「戸籍制度」を抱えているのだ。

ただ、この時の韓国で家族法の改正が急務だったのは、過激化する「儒教的伝統」が抜き差しならぬところに来ていたからだ。冒頭で述べたように韓国社会では80年代から半ば公然と女児の堕胎が行われており、出生における男女の性比が開くばかりだった。韓国社会における「男児選好」は根深いものだが、それを誘引するような法的制度は廃止すべきだった。

この1989年の改正で「戸主制度」における戸主の権利義務が大幅に削減され、ほぼ骨抜き状態となった。ただし「戸主」というポジションが残っており、それは男性に優先的に与えられた。また結婚に際しても、夫婦は別姓ではあるが、戸籍は男性の側に入籍する。戸主は夫であり、その横に別姓の妻、子どもたちは自動的に夫の姓となる。

相続関係などは全て男女平等となり、女性にとっての不公平感は緩和されたが、ベースにある父系血統主義は維持された。それは単に社会的な慣習としてだけではなく、法的な男女差別として残ったのだ。

†「同姓同本禁婚」への違憲判決（1997）と「父母の姓を共に用いる運動」

1950年代から続いた韓国女性たちによる家族法改正の運動が、一気に段階の違うフェーズに入ったのは、1987年の民主化以降だった。やはり言論と表現の自由こそが、運動を大衆化させ、大きくするための絶対条件である。

1989年の家族法改正に続いて1990年代後半になると、「同姓同本禁婚制」にも「違憲判決」が下され、ついにこの時代錯誤な法律が無効となった。そして新しい法律が整備されるまでの暫定措置として、期間限定で「同姓同本カップル」の入籍が認められた。

テレビのニュースでは、長い間不便な事実婚関係にあった夫婦が、嬉しそうに届けを出す様子が映し出されていた。すでに子どもが大きくなっている家族もあり、インタビューではそれまでの苦労を語っていた。苦しむ人がいるだけで、誰も得をしないルール。これが「憲法で保障された幸福追求権に違反する」という憲法裁判所の判断は当然だった。

また同じ頃、「父母の姓を共に用いる運動」も始まっていた。これは夫婦の子どもは必ず父親姓になるという、「父姓強制主義」への異議申し立てだった。大学教授や女性運動のリーダーたちがミドルネームとして母親の姓を名乗る姿に、私は胸がすくような思いがしたが、「一般人には相当なショックを与えた」（申琪栄教授）ようだ。冒頭でもふれたが、これまで韓国の母親たちの多くは、子どもが夫の姓になることに、なんら疑問を持たずにきたのである。

ただ、これが大衆運動となるのは難しかったと思う。そもそも、この時はまだ実社会で「名前を持つ女性」が少なかったからだ。多くの女性たちは学校を卒業すると、自分の名前を呼ばれる機会を失った。女性の社会進出は遅れており、結婚して子育てをする女性たちは「〇〇のお母さん」としか呼ばれなかった。

しかし、若い世代には確実に影響を与えた。たとえば、父母の姓を連結させた通称を使う人、それを芸名にする人もいる。韓流スターのコン・ユも両親の姓を合体したものであり、映画『82年生まれ、キム・ジヨン』の夫役に抜擢《ばってき》された時には、「彼なら意識が高いから」とキャスティングを喜ぶ声があった。

「同姓同本禁婚」への違憲判決と「父母の姓を共に用いる運動」は、当時の韓国社会の意識を変える力があった。「民族の伝統」も「長い間の習慣」も、それが時代にそぐわなければ捨てればいい。急速な経済発展と都市化は、韓国人のライフスタイルをどんどん変化させていて、もう古い制度とは嚙み合わなくなっていた。

4　戸籍の廃止と個人登録制度

†戸主制度と一緒に戸籍も廃止(2005)

2000年代に入って、韓国社会のムードは一挙に変わった。日本と共同開催された2002年のサッカーW杯の頃から街も人々もスタイリッシュになり、外見的な変化は人々の内面も刺激した。もっと自由に、もっと素敵に。ライフスタイルは変化し、多様性は社会のトレンドになっていった。そんな社会の変化を女性たちが牽引していた。

政治もまた女性たちを後押ししていた。1998年に発足した金大中政権は女性省を設置し、初代長官には長く女性運動をリードしてきた韓明淑《ハンミョンスク》が就任した。また2002年に次期大統領候補となった盧《ノ》武鉉《ムヒョン》は「戸主制度廃止」を公約に掲げて当選した。

この頃、「戸主制度廃止」に向かう韓国社会の熱気はすごかった。テレビは朝夜ともに未婚の母をテーマにした連続ドラマを放映し（『あなたはまだ夢を見ているのか』〈MBC、2003年〉、『黄色いハンカチ』〈KBS、2003年〉）、それら戸主制度をターゲットにしたドラマは大ヒットしたばかりではなく、数々のテレビ大賞を総なめにした。ちなみにこの少し前に韓国ではテレビ部門に「男女平等賞」（のちに両性平等賞）がもうけられ、男女平等を意識した番組が精力的に作られていた。

これらのドラマは「母性」を強調しすぎている感はあったが、一般大衆の共感を得るためには必要な妥協点だったと思う。戸主制度は女性にとって不利なだけでなく、すでに韓国社会全体にとって時代遅れで不都合な制度であることが自明だったからだ。

こうして2005年3月、国会で民法改正案が採択され、戸主制度は全面的に廃止されることになった。また、すでに違憲判決が出ていた「同姓同本禁婚制」も諸外国と同じような「近親婚禁止」へと正式に変更された。さらに身分登録制度としての「戸籍」も廃止となり、「個人登録制」に変わることになった。

時代にそぐわない戸主制度が廃止になることは、大方の予想通りだったが、戸籍まで無くしてしまうとは……。大胆な決断に驚いた人が多かった。当時の議論の中では、「戸籍から戸主をなくして、日本のような筆頭者という形にすればいい」という意見も出ていたのだ。

「日本のような男女同権の戸籍制度に」という戸籍擁護派の人々は、「韓国には家族主義の伝統があるから、欧米のような個人登録はそぐわない」とも言っていた。しかし韓国政府の選択は個人登録制だった。「戸籍法」に代替する法律として「家族関係登録等に関する法律」が、2008年1月1日より施行された。

†新たな個人登録制度

こうしてスタートした新たな「家族関係登録制度」では、個人ごとに家族関係登録簿が作成されている。従来の「戸籍」と新たな「家族関係登録」の大きな違いは、それが家族単位の登録か、個人単位の登録かということだ。

「戸籍」の場合はまず、その「家族の本籍地」が記入されていて、次に家族の代表である「戸主」(日本の場合は「筆頭者」)に関する記載がある。本人氏名、両親の氏名、生年月日、性別、本貫、住民登録番号、その後に出生や婚姻等の記録が続く。次に配偶者について同様の記載があり、その下に子どもたちに関する記載が出生の順に続く。養子である場合はその件もそこに記載される。そして、この戸籍謄本《とうほん》はこの家族の誰にとっても同じものであった。妻が請求しても、子どもが請求しても、同じ「謄本」である以上、同じものが発行された。

しかし新しい「家族関係登録簿」は違う。請求する人によって、それぞれ個別の内容となる。まず「家族の本籍地」なるものは消滅する。たしかに戸籍＝本籍みたいなものだから、戸籍が

従来の「韓国戸籍制度」	新しい「韓国家族関係登録制度」
戸籍（簿）	家族関係登録（簿）
戸籍謄・抄本	登録事項別証明書（5種類）
本籍地	登録基準地
転籍	登録基準地変更
就籍	家族関係登録創設

従来の「韓国戸籍制度」と新しい「韓国家族関係登録制度」との比較

なくなれば本籍地もなくなる。代わりに「登録基準地」という住所記入欄がある。これは家族全体の本籍地ではなく、個人が任意の住所を記入する。日本もそうだが、もともと「本籍地」は実際の居住地とはなんの関係もなく、変更も自由。そもそも意味があるものではない。

次に本人の姓名と生年月日、住民登録番号、性別、本貫が掲載されている。本貫だけが漢字記入となっている。あとは全てハングル。本人の下には両親や配偶者、子どもなどの家族について、それぞれ一行ずつ同じ内容が記入されている。

また従来の戸籍謄本では一通に全てが書き込まれていた内容が、新しい登録事項別証明書は用途別に5種類になっている。例えば自分の婚姻関係の証明が必要な場合は、それだけを請求すればいい。未婚者の場合はそこは白紙になっている。

従来の戸籍謄本だと、必要のない事項まで全て出てきてしまったが、それもなくなった。セキュリティー面は戸籍時代より強化されており、取り寄せは親子、夫婦のみに限定されている。

制度が変更されて10年になるが、過去の戸籍制度に戻そうという声は出ていない。こちらの方が用途に応じた活用がしやすいのだろう。そもそも日本にしろ、韓国にしろ、戸籍が必要になる場面はそれほど多くない。特に韓国の場合は、大抵のことが住民番号という13桁の個人番号で処理されるので、すでに個人登録のベースは出来ていたともいえる。

†戸籍がなくなり、結婚制度はどうなったか？

日本では結婚することを「籍を入れる」という言い方をする人がいる。「式はまだだけど、入籍は済ませた」という話も聞くことがあり、結婚＝入籍というイメージが強いようだ。ただ日本の場合、実際には親の籍から抜けて「新しい戸籍を作る」という作業になるため、「籍を入れる」という言葉は少し違和感がある。

韓国は戸籍があった頃から、「入籍」という言葉は使われることなく、「婚姻申告をする」（婚姻届を出す）という言い方が一般的だったと思う。でも実際には、韓国こそが「入籍」だった。女性が男性の籍に入るというのが、法的なルールだったのだ。それが「憲法が保障する両性の平等に違反する」「ならばもう戸籍なんかやめてしまおう」となったわけだ。

戸籍がなくなった今は「入籍」もなく、個人の家族関係登録簿に「結婚」という事項が追加される。そして配偶者欄に相手の名前と住民番号などが加わる。これは相手の側も全く同じだ。

結婚届を出したことで、それぞれの配偶者欄に新しい記述が加わるだけだ。
では、子どもが出来たらどうなるのか？　実はそこに少々問題がある。

5　残る課題とさらなる民法改正

†子どもの姓をめぐる選択

戸主制度が廃止され、戸籍もなくなり、「夫の戸籍に入る」こともなくなって10年余り。全ての分野でデジタル化も進み、役場に行かずとも、オンラインで婚姻届も出せる。昔に比べたら結婚も手軽になったかにみえるが、一つ落とし穴があった。そこにはまった夫婦の話を聞いてみよう。１９８２年生まれのキム・ジヨンさんとチョン・デヒョンさん夫婦だ。
二人が婚姻届を出した時のことを、ここで再現してもらう。

二人はノートパソコンを前に置いてテーブルにつき、空欄を埋めていった。チョン・デヒョン氏は漢字の一画一画をパソコンで確認しながら、本貫の漢字を書いた。キム・ジヨン氏も大差はなく、自分の本貫の地名を漢字でどう書くかなんて、初めて見たような気がする。

他の欄は比較的簡単に埋めることができた。チョン・デヒョン氏は両家の両親の住民登録番号をあらかじめ確認しており、両親の情報もちゃんと書けた。そして五番目の項目になった。

「子の姓と本貫を母親の姓・本貫にすると合意しましたか?」

「どうする?」

「何を?」

「これだよ、五番だよ」

チョン・デヒョン氏は声を出して五番の項目を読み上げ、キム・ジヨン氏をちらっと見て、気にするほどのことじゃないと言いたげに、軽く言った。

「僕は、苗字は〈チョン〉でいいと思うけど……」


(『82年生まれ、キム・ジヨン』)

このわずか10行ほどに、韓国の現行の家族制度の特徴と問題がきっちり書かれている。婚姻届には今も「本貫」の欄があり、そこに記入すべき二文字の漢字は、検索しなければわからないほど馴染みがない。しかし、両親の住民番号については、あらかじめちゃんと聞いてある。そして、生まれてくる(かどうかはまだ未定の)子どもの姓と本貫について、先に合意するように迫るのだ。

以前は自動的に父親姓となったが、今は母親姓も選択できるようになった。ただし、それはあくまでも例外措置であり、あらかじめ夫婦が合意してその意志を表明しなければならない。実際のところ、法律が改正された年に子どもが母親の姓を継いだケースは65組、その後も毎年300組ほどということで、まだまだレアケースである。

「まだ父親の姓を継ぐ人がほとんどではあるんだよね。母親の姓を継いだら、何か特別な事情があると思われるでしょうね。説明したり訂正したり、確認したりすることが増えるだろうな」

キム・ジヨン氏の言葉に、チョン・デヒョン氏は大きくうなずいた。自分の手で「いいえ」の欄に印をつけるキム・ジヨン氏の心情はどことなく虚しかった。

（『82年生まれ、キム・ジヨン』）

この時のキム・ジヨンの気持ちを、まるで自分のことのようだと思った日本女性はいるだろう。日本の婚姻届には、結婚後の姓を書く欄がある。日本の場合は法的な体裁は韓国よりもさらに男女平等になっている。しかし今も夫の姓を選ぶ人が大多数である。自分が改姓することを選んだ時の虚しさや屈辱感で、その夜は一晩中泣いたという人もいるし、そこから夫婦間の関係が悪くなったという人もいる。さらに韓国とは違い日本では、その先に改姓による面倒な手続きも待っている。

私自身は自分の名前を失った屈辱に耐えきれず、その後にペーパー離婚して自分の姓を取り戻した。同じ頃、自民党の野田聖子議員が夫婦別姓で事実婚を選択していることが報道されていた。彼女が「野田の姓」にこだわる理由は私とは違うものだったが、逆にものすごく納得した記憶がある。

人にはそれぞれ大切にしているものがあるのだから。

逆に韓国で国際結婚した日本人の中には、わざわざ日本で婚姻届を先に出して、韓国の夫の姓に変えた人もいる。

「もともと日本の姓が嫌いだったんです。夫のユンという姓の方が可愛いから」

そういうこともあるだろう。

当たり前のことだが、そんな個人的な選択を、四半世紀たった今も日本社会は許容できないでいる。「伝統」とか「家族の絆《きずな》」とか。これまで見てきた韓国の家族法も全く同じだった。誰の得にもならないこだわりで、ずっと誰かを苦しめてきた。

†現実が牽引する「自由」

　韓国では今年5月末、女性家族省から新たな家族政策の骨子を盛り込んだ「第4次健康家庭基本計画」が発表された。それにともない、原則的に子どもが父親の姓を継ぐ「父姓優先主義」をとる現行法に対し、2025年までに夫婦の協議により母親の姓を継がせられる等、民法の改正案が提出されている。

　さらに、この改正では子どもの姓の問題だけではなく、新しく事実婚夫婦の権利の拡大など「法的な家族」の範囲を広げることなども検討されている。

　既に本文にも登場いただいたが、この稿を書くにあたり毎日新聞の堀山明子記者と、ジェンダー研究の第一人者である申琪栄教授のお二方と、楽しい意見交換の場を持つことができた。そこで韓国の父母連結姓を名乗る運動の話になった。以前の女性運動家には父母連結姓を使う人たちがいたが、最近はあまり見ない気がしたからだ。

「今の韓国の若いフェミニストたちは、そもそも姓など名乗らなくなりましたからね。みんな自分の好きな名前で、自由に発言しています。本当に自由ですよ」（申教授）

　たしかに、「なんでも二択」のような設定は、今の社会には合わないだろう。「姓」にも「性」にも、もっと自由があっていい。現実が牽引する自由に、法制度が追いつけていない。

第Ⅱ部

「選べる」社会の実現に向けて

座談会登壇者、左から田代桂子氏（写真＝大和証券グループ本社）、
鈴木馨祐氏（写真＝時事）、櫻井龍子氏（写真＝東京新聞）

座談会

日本　別姓がなぜ必要なのか、どうしたら実現できるか

登壇者＝櫻井龍子（さくらい・りゅうこ）

1970年、労働省入省。婦人福祉課長時代、育児休業法の制定に携わる。勤労者福祉部長、官房審議官などを経て、98年女性局長。2001年退官後、九州大、大阪大大学院などで客員教授などを歴任。08年に当時女性で唯一の最高裁判所裁判官となり、17年まで務める。2015年12月のいわゆる第一次夫婦別姓訴訟で最高裁は合憲判断を下したが、櫻井氏はその中で「違憲」とした5人の一人。

登壇者＝鈴木馨祐（すずき・けいすけ）

1977年生まれ。東京大学法学部卒業。大蔵省、在ニューヨーク総領事館副領事を経て、2005年衆議院議員に初当選。国土交通大臣政務官兼内閣府大臣政務官（第3次安倍内閣）、財務副大臣（第4次安倍改造内閣）、外務副大臣（第4次安倍再改造内閣）、自民党青年局長を歴任。自民党「選択的夫婦別氏制度を早期に実現する議員連盟」幹事長を務め、選択的夫婦別姓の実現に向けた取り組みを推進している。

登壇者＝田代桂子（たしろ・けいこ）

株式会社大和証券グループ本社取締役兼執行役副社長。早稲田大学政治経済学部卒業後、1986年大和証券入社。国際引受部を経て執行役員・ダイレクト担当、金融市場担当、大和証券グループ本社常務執行役員、大和証券キャピタル・マーケッツアメリカ会長を歴任し、2019年より現職。1991年スタンフォード大学でMBA、2011年ハーバードビジネススクールにてAMP修了。2021年4月に発足した「選択的夫婦別姓の早期実現を求めるビジネスリーダー有志の会」19人の声がけ人の一人。

司会＝栗田路子（本書筆頭著者）

†2015年、2021年、最高裁の合憲判断

栗田路子　国連の女性差別撤廃条約を日本が批准してから、また、選択的夫婦別姓制度が法務省の法制審議会で最初に取り上げられてから、約30年が経過しています。いよいよ実現かと思いきや、国会での審議まで一向に進まない。当事者の方々は我慢の限界となり法廷に訴えたのに、2015年には最高裁では「違憲ではない」という判断が出ました。

30年も議論が続き、夫婦別姓を求める人がいることについて市民の理解は確実に深まってい

ると感じます。各種世論調査では、今や6割以上の人たちが選択的夫婦別姓の導入に賛成しています。一方で国連からは、男女平等の観点から現在の制度の是正をすべき、民法を改正すべき、という勧告を三度も受けているのを、外国にいる私たち執筆陣は気にかけてきました。

私たちは外国人と結婚して、「姓が選べる」という経験をしているわけですが、結婚したら同姓が強制されてしまう日本の現状、選べる制度の導入の具体化が一向に進まない現状について何とかならないかと思い、この本を企画しました。若い人たちが選択肢の中から「選べる」社会――それは多様性のある社会にもつながるわけですが――次の世代が明るい未来を過ごすために良いバトンを渡さなくてはと思っています。

この座談会では、制度の実現と具体化のために、今、何が必要なのかについて、司法、立法、また経済界において、選択的夫婦別姓制度の必要性を発信していらっしゃる方々に、率直にお考えを伺えればと思っています。

まず、司法の立場として、2015年の最高裁の「合憲」判断の際に判事でいらした櫻井龍子さんにお伺いいたします。当時の大法廷の判事15名の中では、違憲の考えを示していらっしゃいましたね。

櫻井龍子　はい。私は最高裁の裁判官になる前は、労働省に1970年に入り2001年に女性局長を最後に退官したのですが、在職中に男女雇用機会均等法の施行や育児休業法の制定など、働く女性の環境整備の法制化等に携わっていました。ですから2008年に最高裁判事になったとき、就任当時は15人の中では唯一の女性だったこともあり、女性の立場を重視するような仕事ができたらと思ったのです。2017年に退官するまで8年余り務め、合計1万6000〜7000件の事件に関わりましたが、その中の一つに、2015年のいわゆる第1次夫婦別姓訴訟の「合憲」の決定がありました。

この時は多数意見が合憲でしたが、当時在籍していた女性の最高裁判事3人が違憲という個別意見を出しました。当時は夫婦別姓について世の中の議論もそれほど深まっていなかった時代でしたが、そんな中、女性裁判官が3人そろって違憲と言ったことはインパクトがあったようです。それ以来色々な議論があったのですが、2021年6月23日、第2次の訴訟に対して最高裁は、再び合憲決定を出しました。第1次の結論をなぞる形ではありましたが、私の目から見ると、第2次訴訟に対する大法廷決定にはさまざまなメッセージが込められていると考えています。

2020年の末に男女共同参画社会基本計画（第5次）が閣議決定されて、その中に「夫婦の氏に関する具体的な制度の在り方に関し、（中略）更なる検討を進める」という文言が盛り込まれたり、あるいは2021年2月に森喜朗元首相の発言が女性蔑視ではないかと批判された一件があり、ジェンダー問題について国内では議論が盛り上がっていた中、今回の第2次訴訟に対する決定が出たという経緯があります。夫婦別姓についても、いよいよ国会を中心に何かいい方向の結論を出さなければならない時期になった、という最高裁のメッセージを私は強く感じました。

栗田 最高裁の今回の判断は、「またしても……」ではなく、「国会に対して、今度こそはちゃんとやれという強いプレッシャーがかけられた」と解釈できるのですね。櫻井さんが携わったという育児休業法制定は、どのような経緯で実現したのか教えていただけますか。

櫻井 育児休業法は1990から91（平成2から3）年にかけて作業をして、1992（平成4）年に施行されますが、当時私は労働省で担当の課長をしていました。

1989（平成元）年7月の参議院選挙で女性議員が多数選出されて、社会党の土井たか子委員長のマドンナ旋風と称されましたが、これで与野党の議席数が逆転しました。そして参議院の社会労働委員会（現在の厚生労働委員会）の中に育児休業制度を法制化しようということで小委員会が設けられました。与野党合同の小委員会で審議をして、議員立法でやろうということになりました。ところが、手当の問題や男性にも与えるかどうかといった問題で与野党の意見が一致を見なかった。それならばと、法制化するという与野党合意のもとで下請けのような形で、旧労働省の私どもが労使の意見を調整して、法案としてまとめて提出をしました。それが国会を無事通過して成立したのです。このような成立過程もあるという参考にしていただけたらと思っています。

栗田　国会が本気で法制化するのだと意思決定すれば、省庁に具体案を請うという流れもあるのですね。与野党が緊張関係にあれば、こういう流れもありなのですね。

†党内の絶対反対派は1割〜2割

栗田　立法の立場からは鈴木馨祐さん、自民党で「選択的夫婦別氏《べつうじ》制度を早期に実現する議員連盟」の幹事長に、立法府与党の本音を伺いたいと思います。なぜ社会では30年も議論されているのに、法制化が進まないのでしょうか。議員立法や、あるいは政府からの働きかけで、法務省に具体的な法案を出してもらい審議するということはできないのでしょうか？

鈴木馨祐　各党さまざまな意見を出していますが、実際のところは、自民党の一部で強い反対がありまして、なかなか進まないという状況があります。私の感覚では、何か困っている人がいたら、それを解消するために動かなくてはならないのが政治の役割である以上、選択的夫婦別姓に関しても現実的な困りごとを解決する、という極めてプラグマティック（実務的）な問題だと受け取っています。一方で、反対する方々は、思想的な問題を絡めて意見を言われていることが多い印象を受けています。賛成派と反対派とが歩み寄るというよりもすれ違っているように感じます。反対の理由としてよく挙げられるのは「家族が壊れる」との懸念ですが、賛成派も家族を大事にするという点はまったく同じで、家族を大事にすることと選択的夫婦別姓制度は両立すると考えています。我々としては政治はまずプラグマティックに問題を解決していくことに注力していくべきだと考えます。

今、私たち推進派の議員連盟としても、例えば子どもの氏をどう決めたらいいか、子どもの氏はどのタイミングで選択するか、婚姻後に姓を変えた方が旧姓を通称使用すると具体的にどこが困るのか、など、現実的な論点を一つ一つ詰めているところです。なかなか具体案をお示しできず申し訳ないのですが、具体案を示せば、互いに理解が進むのではないかと作業を進めている最中です。

栗田　反対派の方々は、岩盤のように固く絶対反対という態度のように受け止めていますが、今、どのくらいいらっしゃるのでしょうか。

鈴木　自民党内で1割〜2割くらいではないでしょうか。反対派が多数ではありません。そして最近では反対派からも、通称使用の法制化や具体的な案が出たりしています。そういった検討をお互いにしていくなかで、どこかのタイミングで結論が出せるのではないかと感じているところです。

栗田　そうなんですね。何とか1日でも早く……。30年も経てば一世代が終わってしまいますから、何とか私たちの世代で変革をもたらしたいと強く願っています。

†世界の投資家が「ジェンダーギャップ指数120位」をどう見るか

栗田　経済界からも伺いたいと思います。大和証券グループ本社取締役兼執行役副社長でいらっしゃる田代桂子さん、ビジネス界で「選択的夫婦別姓の早期実現を求めるビジネスリーダー有志の会」の共同声がけ人でもいらっしゃいますが、どんな経緯でこの会に参画されたのでしょうか。金融業界において仕事をするうえで、夫婦別姓でないと何か具体的な不利益がありますか？

田代桂子　今、鈴木さんからプラグマティックな問題をまずは解決すべきというお話が出ました。夫婦別姓反対派の方から「旧姓を通称として使えばいい」という対応策がよく言われますが、そもそも二つの姓を使い分けること自体が、金融をはじめとするビジネスの場面においては、全くプラグマティックではありません。ビジネスの世界では、そういう次元ではなく、一つの姓を継続できれば、不要なストレスが生じないと思います。ビジネスは、人と人との信用、信頼関係が全てですので、途中で名前が変わるということは、その点でも不都合が生じることもあります。このようにビジネス上で生産的ではないことも起きるという観点から、もう実際問題として、選択ができる制度になったほうがいいと考えています。

私は一緒に働いていた同世代の同僚や友人をはじめ、今一緒に仕事をしている部下の中で、仕事上で不便な思いをしている人を見てきました。彼らを何とかして助けられないかと思い、先ほどご紹介の有志の会に発起人として参加したのです。

栗田　世界経済フォーラム（WEF）が毎年発表しているジェンダーギャップ指数で、日本は156カ国中120位（2021年）という最低レベルであることが指摘されており、夫婦別姓が選べないことも大きいと考えられます。このことは、日本の経済成長という点からも損をしている部分は大きいのでしょうか？

田代　ジェンダーギャップ指数が120位で何が問題かというと、日本は組織の多様性も欠けているのだという印象を与えることです。多様性は組織を強くすると言われているのに、ジェンダーギャップ指数は毎年最低レベルで、ずっと長い間放置されてきました。多様性が欠けている日本の会社は弱い、だからもう投資しないぞ、というふうに世界から思われてしまうかもしれません。

夫婦別姓が選べない最後の国になった、というのは国の責任ですが、管理職に占める女性の割合も日本の企業は低いままで、これは各企業の責任です。この問題すら解決できない日本、解決に時間がかかりすぎている日本という見方で、企業や経済に対する評価が残念ながら最低レベルになっているのです。

栗田　それは、日本企業のいち経営者の実感として感じられるものですか？

田代　強く実感をしています。WEFのジェンダーギャップ指数は、2020年は121位でしたから今年は順位が1位上がりはしましたが、政治分野は147位、経済分野は117位。どれ一つとっても自慢できる項目はありません。「できない」と言い訳をするレベルではなく、「何とかしなくてはならない」レベルではないかと思っています。

世代交代が起きれば……

栗田　世界で最低レベルというのは毎年報道されていますし、問題の一つに夫婦別姓もあって、30年も議論が重ねられてきて、世論の潮目は変わってきているのではないかと思うのです。2021年の今、国会の政治家や最高裁判所の15人の判事にはその変化が見えていないのでしょうか。

櫻井　潮目が変わってきているということは私も感じています。1996年に夫婦別姓を認めるよう民法の一部を改正する法律案を法務省がまとめたことがありましたが、これに反対する議員の方々の反対運動の激しさはよく覚えています。じつは私も当事者の一人で、労働省で行政官をしていたときは結婚後も藤井という旧姓を使って仕事をしていました。このため旧姓の通称使用について、反対派からヒアリングをされたことがあります。2008年に最高裁の裁判官に就任した当時は、裁判所では旧姓使用が認められなかったため、櫻井という戸籍上の姓を使わざるを得なくなったという経緯があります。

あの頃の自民党の雰囲気に比べると、今、鈴木さんたちが中心となって何とか実現しようと動かれていることは、随分変わったと思いますね。社会情勢として、女性の社会進出が進んだこと、国際環境の変化、また少子化の問題など、さまざまな動きが影響して、世の中がやっと真面目に、実際問題として議論をしようという雰囲気が強くなってきていると感じています。

では、それでもなぜ司法界は動かないのかという点については、戦後のジェンダー観の歴史も大きく影響していると思っています。男女雇用機会均等法が制定される1985年より前は、女性はか弱き存在で保護しなくてはいけない、憲法に男女平等と書いてあるけれど実際にはありえないというのが社会の常識でした。それが均等法や国連の女性差別撤廃条約の批准などによって、男女平等が理念として日本に導入されました。以後、育児休業法などが順次制定され、やっとなんとか制度的な整備が進んでいったという状態です。ですから、1985年より前に社会に出られた方の思考として、女性は男性の補助的な仕事をするもの、結婚したら辞めるもの、という意識が強いわけです。

栗田　司法の場でもそうなのですか。

櫻井　はい。だいたい今60歳より上の年齢の方々は、そういう存在として女性を見ていて、三つ子の魂と言いますが、ご自身の若い頃の経験や環境の記憶からなかなか抜け出るのは難しいですよね。今、最高裁判所の裁判官の平均年齢は65歳を超えていますから、その点が大きいのではないかと考えています。世論調査などでも、60歳代、70歳代で夫婦別姓への反対の割合が高いですよね。

乱暴な言い方になりますが、そういう意識の方々が卒業なさって、いわゆる世代交代が起きれば、この問題についての考え方もだいぶ変わるのではないかと感じています。

もう一点、司法の立場から申し上げておきたいのは、議論の説明の仕方として、国民一般や議員の方々に説明する実際問題として分かりやすくするやり方と、裁判所を相手に法的に闘うやり方というのは、切り分けて考えたほうがいいということです。

栗田　なるほど。たとえ少数が抱える問題であっても、憲法との齟齬《そご》がある法律で苦しんでいる人がいるならば、裁判官はその人たちを守ってあげなければならないように思うのですが、甘いでしょうか。多数派世論がどういうかには関係なく、裁判官が判断してくれないと、誰が守ってくれるのでしょうか。

櫻井　憲法違反の事案については、事案の内容によって判断の仕方が違います。例えば精神的自由が侵害されているのであれば、それが少数の方々であっても、世論がどうであろうが厳しく判断しなくてはなりません。他方、経済的自由に関する事案は、経済全体とか社会全体とのバランスを一つの判断の基準に据えておかなければいけません。あくまで一般論ですが。

栗田　夫婦別姓の問題では、精神的自由も、経済的自由も、両方関わっていませんか。

櫻井　２０１５年12月16日と２０２１年６月23日の判断では、社会全体の家族のあり方と、民法の条文の妥当性・合理性、侵害されていると主張される方々の権利や利益の侵害の度合いなどを総合考慮して結論を出すという考え方でやっています。

栗田　優れた指摘をいただきました。「精神的自由」が侵害されているという点がうまく立証できれば、少数派の利害を守る判断が出やすいわけですね。

櫻井　裁判所としてもシビアな判断ができると思います。

†通称を使い分けることの非生産性と非合理性

鈴木　守るべき利益とその結果侵害されてしまう制度のバランスやフェアネスについては、立法でも、司法と同様に非常に重視しています。その点で、選択的であるということは一つの重要なキーワードです。別姓を強調するのではなく、選択したい方が選択できる自由を手に入れられるようにするのが、今考えたい制度の趣旨です。全員が別姓になったら日本はどうなるのか、といった反対論がよく聞かれますが、今回の案は選択的であることで、同姓のままでいたい人や同姓を選びたい人の実質的な公益を侵すことはほとんどないと考えています。

時代の変化という話が出ましたが、少子化という流れの中で、いわゆる右派の保守的な思想の方からも、（夫婦どちらかの途絶えてしまう）氏を守るために別氏制度の必要性が主張されるようにもなりました。また、社会で活躍する女性が増え、研究職や経営職など、法的な正式名（リーガル・ネーム）が重要なポジションに就く方も増えています。選択できるようになることの重要性が増しているように思います。

実は私たちの議員連盟の主要なメンバーの多くは、不思議なことに金融や国防などを専門としている政治家です。金融や国防はいわば感情や理念よりも数字に基づくプラグマティックな領域であって、そうした分野で活動する政治家ほどこの制度の必要性を理解しているというのは、ある意味で象徴的なことではないかと思っています。

特にこれからDX（デジタルトランスフォーメーション）が進んでいき、生活や社会にデジタルの仕組みがさらに浸透していくと、セキュリティーとプライバシーの問題が必須課題となります。その時に名前が複数あるというのはいいことではなくて、法的な正式名が一つであることが望ましいと考えられます。デジタル化が進む未来を見据えることも、論点の一つとしてあり得ると思います。

セキュリティーの話で極端な例を出すと、私は2001年9・11米国同時多発テロの後に米国で暮らしていたのですが、パスポートと違う名前を書いた書類をたくさん持っている人は、基本的にやばい人とみなされる空気がありました。リーガル・ネームを一つに定めるというのは国際的にも重要なことではないでしょうか。
政治家に実際的な困りごとの声が届いていないのではないかという点については、ノイジーマイノリティ（声高な少数派）の声が目立つことが多いのは事実ですが、声なき声すなわちサイレントマジョリティ（物言わぬ多数派）の声を聞き逃さない努力をすることが政治家の責任です。ただ、先ほど言ったように時代の変化によって、サイレントマジョリティの方々のポジションも変わってきています。そういう動きを政治はきちんと捉えて対応していかなくてはならないと自覚しています。
栗田　世の中の潮目の変化は、政治の世界では票につながる大事なことですよね。感情的な反対論をSNSで拡散するノイジーマイノリティではなく、巷《ちまた》のサイレントマジョリティがもっともっと投票してくれれば、というわけですね。司法の世界では裁判官の「世代」の問題が、というお話が出ましたが、同じように政治家の中でも世代による見方の違いはあるのでしょうか。同じものを見ているはずなのに、全く違うものを見ているのではないか……若手議員としてそんなふうにお感じになることはありますか。
鈴木　一般的に、投票率が上がったほうが良いと考えている政治家のほうが全体の利益になる主張をしている傾向はあると思います。選択的夫婦別姓についても、選択的であれば進めたほうがいいと、都市部や若い世代を含めたサイレントマジョリティの多くがそう感じているのではないか。感度のいい方はそのことを分かっていると思います。

田代　選択的がキーワードというお話が出ましたが、今の制度でも、結婚のときに男性でも女性でもどちらの姓と同じにするかは選べますよね。男性が女性の姓に変えることも選べるわけです。それにもかかわらず、ほとんどの夫婦において、女性が男性の姓に変えているのが現状ですね。これを見ると、多くの人のマインドセット（思考パターン）として、全然男女中立ではないのだな、とひどく悲観的になってしまいます。

選択的夫婦別姓は、男女両方のニーズを一番プラグマティックに解決する方法の一つではないかと思います。

ただし、アメリカやドイツにおいても、別姓を選択できるようになっていても、男性の姓を名乗る比率がおおよそ7割となっていることからすると、全てが日本固有の問題というよりは、ジェンダーに関するより根源的、構造的な課題だと思います。だからこそ、ＳＤＧｓでジェンダーが課題の一つとして挙げられているのでしょう。

栗田　ＳＤＧｓは注目度が高いので良い論点ですね。通称使用が、金融や防衛など、国際的に活動する方々の問題解決にはならないという点はいかがですか？

田代　そもそも二つの姓を使い分ける（通称使用）なんてことは、生産性がいいはずがありません。二つの姓があると、結局どこかで戸籍上の姓を使わなくてはいけない場面が出てくる。

絶対に効率が悪いのです。システム面でも、二つの姓を持てるように作らなければいけなくなります。二つの姓を使い分けろというのは妥協であって、通称使用は決してプラグマティックな解決策ではありません。

†夫婦別姓は「多様性指標」

栗田　市民の感覚の潮目が変わっている、夫婦別姓が選べれば仕事上や実生活上の苦労もなくなることに理解が進んでいる、と思われる一方で、私は、先見性があって決断してくれる政治リーダーが日本ではなぜ出てこないのだろうと思っています。大多数がこちらだからこちらに決めよう、ではなくて、今は皆こう考えているけれど社会はこちらに向かうべきだ、と先導するような。ヨーロッパにいると、何かが変わるときというのは、たとえば死刑廃止について、市民の大多数が死刑廃止に賛成するのを待ってから法制化したのではなく、こうあるべきだと先見性のあるリーダーが旗を振ることで実現しました。

そういうやり方を日本の政治に求めるのは難しいでしょうか？

鈴木　たしかに何かを変革しようとする場面では、当然反対論は出てきます。反対が出ないようにするためには何もやらないのが一番良いということになりかねませんが、それでは政治の意味がありません。真に必要なことであれば、51％の方に賛成してもらえることならば進める必要があります。それをやりすぎて独善に陥ってしまわないように、民主主義では、任期を区切り投票によってダメ出しをされる仕組みにもなっています。政治家は慎重さと大胆さの両方を兼ね備えて政治をすべきだといつも考えています。

その流れで、政治の立場にある者は実利主義と価値観の両方を持たなくてはなりません。その中で私は自由主義的価値が大事だと思っています。例えば他人に迷惑をかけない範囲において価値観は個人の自由ですから、法や制度で統制するというのは違うと思うのです。政治家が何を大事に考えるかはそれぞれですが、私は家族のつながりについても、法や制度の問題とするよりも個人の気持ちやモラルによるべきで政治が必要以上に介入すべきでないと考えています。

栗田　個人の自由ということを考えると、多様性を認める社会という点では、日本は周回遅れになっていませんか。夫婦別姓が選べないのは、世界で最後になってしまいました。

鈴木　変化が早い時代だからこそ、変化に対応できるかどうかが国や社会の「強さ」に直結します。そのしなやかな強さの一番のカギになるのが多様性ですから、日本ももっとオープンに変化して、多様性に寛容な国にしていかなくてはと思っています。

栗田　色々な場面で、女性の割合が少ないですよね。女性だけではなく、ＬＧＢＴＱの方たちも含めて、多様な立場の方の割合がもう少し増えてこないと。多様性を認める社会の指標の一つに、選択制夫婦別姓もあるのではないかと思いますが。

鈴木　そうですね。例えば、私は定期的に外国の投資家と意見交換しますが「日本の企業の取締役会のメンバーは60代以上、男性、日本人、転職経験なし、そういった人でほとんど占められている」とよく指摘されます。それで変化に対応できるのか、と。私は安倍政権下でコーポレートガバナンス（企業統治）改革に携わり、日本の企業や社会をよりオープンに多様にし強くする取り組みを進めてきましたが、まだまだ充分ではないと思っています。社会の多様性の一つのテーマが選択的夫婦別姓だとも思いますし、自民党ではこのことを共有している議員は少なくありません。

栗田　自民党内でもそういう仲間は増えてきているのですね。

変化しない心地よさに安住していないか？

田代　鈴木さんのおっしゃる通りで、組織を強くする意味での多様性というのは、もう待ったなしの状況です。企業だけではなく政治など意思決定するあらゆる場面において、日本の決定機関はメンバーが偏り過ぎているような気がします。さらにそれは、変化したくない、現状維持が心地いい、というマインドの裏返しだと思うのです。阿《あ》吽《うん》の呼吸で何とかします、みたいな。変化しない心地よさに慣れすぎてしまってそこから動きづらいというのが、残念ながら今の日本の状況なのかなと思います。そこから動く最初の一歩が、夫婦別姓になればと思っています。

櫻井　今、お話に出た、阿吽の呼吸を心地よいと感じる文化というのは、これまで日本社会で男性が中心になって作ってきたものですよね。

第2次安倍政権のときに日本再興戦略という中に、女性活躍の推進も入っていて、その実現のために2015年に女性活躍推進法が成立しました。これが後押しとなって、一般企業や公的団体など、意思決定過程における女性の登用も進むことになりました。

この施策で重視されたのが、今お話に出た企業や社会の多様性を高めるという方向性です。1980年代の雇用機会均等法での、女性も男性と同等に働けるという方向性とは少し違います。今回は、多様な意見や行動を採り入れて、企業や社会の組織文化を変えていこうとすることを目指し、先ほどの阿吽の呼吸だとか空気を読むといった文化を大きく変えていかなければ、これからの日本社会や日本企業がグローバルに活躍できる基礎ができないのではないかという考え方だと思います。

男性とは違った経験や背景を持つ立場から、女性が色々な意見を出して多様な行動ができるようにすることを重視しています。ここに「選択の自由」が保障されないと、多様性および包摂といった概念がいくらお題目として唱えられても、実現できません。女性が自由に、思う存分、日本社会や企業のために働ける環境整備が必要なのです。その大きな条件の一つが、選択的夫婦別姓制度の導入にあるのではないかと考えられませんか。姓の選択の自由をまず与えるべきではないか、と私は思います。

栗田　それぞれが、それぞれらしくあることが、活躍の第一歩の条件ということですね。とはいえ別の側面から見ると、自由を与える、選択ができるというのは、自由と不可分の責任をつらいと捉えられたり、知らない世界に飛び込むのは怖い、嫌だと思われることと表裏です。例えば夫婦別姓反対派からよく聞かれる「家族観が壊れる」とか「絆《きずな》がなくなる」というのは、そもそも想定の話であるという点はあるものの、変化することへの恐れから懐古主義にしがみついているような印象も受けます。その方たちに分かっていただくには、どうしたらいいでしょうか。プラグマティックにこれだけ困っている人たちがいる、世界でも取り残されている、世論の潮目も変わっている、ということを。

†危機感が変化のトリガーとなる

鈴木　この点は議論の本質だと思います。人は誰しも変わるのは怖いものです。それでも、これ変えなくちゃまずいぞという危機感を少しでも感じてもらえると、変わっていくと思うのです。何か危機感のトリガーになるものがあれば。

例えば日本の会社の終身雇用の仕組みも同様だと思います。企業が長い年月同じものを作り続けていて成長できる時代ではもうないですから、一つの会社に入って長く勤め続けるという個人のキャリアのモデルも変わっていかざるを得ません。個人の最も有限で貴重な資産である時間をどう自らがマネジメントできるか、これまでの常識にとらわれないフレキシブルな仕組みが重要です。当然この場合にも終身雇用を変えるのは怖いという抵抗が出てきます。変える怖さをしのぐニーズが出てくるかどうかが一つのポイントになります。

変化を受け入れられるかどうかを目の当たりにした例として、日本への外国人受け入れの問題があります。私は2005年に当選して議員になったのですが、首都圏や地方をまわって色々な方のお話を聞いて回っていた時に、「外国人の方にもっと来てもらったほうがいいと思いますか」という問いに対して、当時は首都圏では4対6で反対が多い、地方では3対7で反対が多いという感じでした。それが10年後くらいにもう一度話を聞くと、首都圏では6対4で賛成が増えて、地方では8対2まで賛成が多くなっていました。なぜここまで変わったかというと、地方に行くほど人手不足が本当に深刻で、外国人の労働力はとても重要だということを、地域を支えている皆さんが肌で感じるようになったからです。自民党の支持層である地方の保守的な方々も含め、外国人は受け入れなきゃいけない、そのためのきちんとした形を整えなくてはいけない、と考えが変わっていたのです。

同じように、これから多様性をもった方々に活躍してもらわなくてはならない流動的な世の中になってきている中で、選択的夫婦別姓もその時に必要なものの一つだ、と多くの方々に捉えてもらえるようになると、抵抗も減ってくるのではないかと思っています。今ちょうどその変化の真っただ中にいるのではと感じています。

†別姓メリットの「可視化」

田代　変化している傾向はたしかに感じられますが、本質的な意味での多様性を国として受け入れるかどうかは、まだ難しい気がしますね。日本は外圧に弱くて、パリ協定でCO_2の数値目標を絶対達成しなさいというようなものを進めるのは得意ですが、取締役会に多様性を持たせてといった「人によって捉え方が色々あるもの」を進めるのは苦手なのかもしれません。

実感として、こちらのほうが将来明るく、楽しくなる！　という感覚が分かって、それが広がれば早いと思うのですが、まだ無視できない存在まではいっていないですよね。Ｆｏｒｔｕｎｅ１０００社を対象にした海外の調査では、女性取締役の数が「３人以上」になると取締役会に変化が起き、コーポレートガバナンスが向上するとの結果が出ています。この調査では「３人」を「クリティカルマス（普及率が定着する分岐点）」としていますが、経験的に30％という水準に説明力があることがわかってきており、これを「クリティカルマス」とすることが多くなってきています。企業の意思決定におけるジェンダーバランスの健全化を目的とする世界的なキャンペーンである30％Ｃｌｕｂもこの考えに沿っています。

鈴木　確かに成功モデルが可視化されるのは大事です。今の経済に女性活躍が加わればこんなに成長するんですよ、豊かになるんですよ、という形で組み込めるかどうかが重要だと思います。

櫻井　具体的に可視化することについて、別姓制度の反対派の方々は、別姓になると家庭がバラバラになる、絆がなくなる、あるいは第三者から見て家族や家庭がパッと見て分かる名前の方がいい、日本社会には同姓制度が定着している、といった言い方をされますが、そうでもないんだよ、ということを実証的に示すことも裁判という面では役立つかもしれません。

今では慎重派・反対派の方たちが、旧姓を通称として使用すれば、名前が変わることによる苦痛が少しは和らぐのではという考え方をされていますが、よくよく考えてみると、旧姓を仕事上で使うということ自体が、実は同姓しか認めない今の法制度に対する抗議になっています。戸籍上は仕方がないから男性の姓にするけれども、仕事上は今まで通り旧姓でやっていきますという人たちは、今どのくらいいらっしゃるか、増えてきているのか、データとして発表されると面白いと思います。それが抗議の大きさと捉えられると思います。

生活上も通称を使っているとすると、自宅の表札も二つ掛けますよね。それを第三者が見たら、一緒に生活をしているし一緒に散歩したりしているのだから一つの家族が住んでいるね、と充分わかります。二つの家族が住んでいるね、とはならない。これなども、一つの家族の中に同姓しか認めないということの反証のようなものです。

家庭の絆がという言い方も、通称を使って別姓と全く同じような生活をしていたとしても、絆は心の問題ですから、戸籍上同姓かどうかと家族の絆というのは全く別次元の話です。例えばドイツなど、割と最近別姓制度を採り入れた国で、家族観も日本と似ているような各国で、家族の絆が薄くなったのかどうか、地域生活上不便はあるのか、など、全く問題がないことを、広く知ってもらう必要があると思います。

栗田　危機感がトリガーになる、同姓や通称使用による不都合をデータなどで可視化し、実感させる論旨展開を……など、鋭いアイデアをいただきました。本書の第Ｉ部では別姓を可能としている各国事情を解説していますが、姓が同じであることは家族の絆、一体感や幸せとは無関係なことがわかります。

鈴木　家族で姓が違うと家族の絆はないという議論は、親子で姓が違う人など、家庭の事情で色々あるわけですから、かなり失礼な言い方ですよね。

田代　いま選択的夫婦別姓に反対している方々に、外国ではこうだから、国連からこう言われたから、という議論は通用しにくいと思います。彼らは理屈ではなく感情で話されていて、そういう方々に理屈で議論しても納得していただけないのが、この問題の難しさです。

†効果的な説得方法とは?

栗田 先ほど日本は外圧に弱いというお話が出ましたが、国連からは何度も勧告を受けていますよね。2003年、06年、15年の3回、国連の女性差別撤廃委員会から、同姓しか選べない日本の民法の規定は問題だ、と法改正を促す勧告を受けています。こういうのは国際社会からの分かりやすい圧力にはならないでしょうか? 私の住んでいるEUでは、国連の条約が成立したら、EU法がそれを加盟国に拘束力を持って国内法化を義務付けるのですが。
日本の法的にみても、国連勧告は効果のないものでしょうか?

櫻井 もちろん政府としては真摯に受け止めていると答えてはいます。勧告の内容としては、1985年批准の女性差別撤廃条約16条の主旨を実現するように制度を整備してください、というものです。条約そのものが国内法としての効力があるという構えのものであれば裁判でも引用できるのですが、この16条はそうではないために、それができません。
ただし、非嫡出子《ひちゃくしゅつし》の相続分の差別が違憲であるという判断を出したときは、総合考慮する要素として児童の権利条約の内容と委員会からの勧告が入っています。そういう形で利用することはできるものです。

栗田　2021年6月23日の最高裁決定では、どうでしたか？　国連からの勧告を背景として、立法府にしっかりしろと促すことはできなかったのでしょうか？

櫻井　勧告を数度にわたって受けていること、国民の意識も随分変化してきていること、それから家族の在り方なども含めた社会情勢の変化というものを十分汲み取って、国会は憲法の24条に基づいて、裁量権をもってこの問題を進めなさいよ、という趣旨になっています。どういう制度を作るかは国会がやるべき仕事ですから、情勢の変化を十分踏まえて議論しなさい、と促しているのです。

栗田　非嫡出子の相続分差別の判断で児童の権利条約違反勧告が効果を持ったように、第2次夫婦別姓決定でも「要素の一つ」以上に考慮されるとよいのですが。では外圧ではなく、変える工夫はできないでしょうか。例えば、先ほど30％が分岐点になる、というお話が出ましたが、上場企業の取締役会は30％は女性に、いつまでに、というふうに決めてしまうとか。そうなると夫婦別姓にしないと都合が悪いぞ、と感じる人が多くなりませんか。

鈴木　そうですね。日本では自国の中で納得して決めていけば、意外と変わってきた歴史がありますから、徐々に、段階的に進めていくのがいいのではないでしょうか。取締役会のメンバーでいうと、コーポレートガバナンスコード（企業統治の原則）で、外部の取締役の人数やジェンダー、国籍、世代など、多様性に関して数値目標を徐々に置いていくとか。一つ一つ納得しながら進めていくと、意外と早く、一定の数の企業がそうなればその空気を見て一気に、ということも可能だと思います。日本はそういう国民性を持っていますので。

田代　あまり強制的にやろうとすると逆効果になりますよね。わかりやすい例で聞いてみるのはどうでしょうか。結婚しても子どもができても働き続けるのが当たり前の時代になっていますが、たとえば、結婚して名前を変えました、そして離婚してまた名前が変わりました、となったとしましょう。そうなると、結婚した後に知り合ったお客さまからは「結婚したの?」と聞かれることもあるでしょう。本当は離婚したのに、となってしまい、精神的なプレッシャーが大きいと思いませんか。途中で名前が変わったら貴方ならどう思いますか、逆の立場だったらどうですか? と男性側に問いかけてみる。

元の名前をずっと使うのが、一番現実的な解決法なのだとよくわかると思います。

鈴木　通称使用については、与野党の中で選択的夫婦別姓に消極的な方々から法制化が必要だという議論も出てきています。改姓すると不都合があるということは慎重派にとっても共通認識になっていて、昔は通称もダメだという話でしたので、変わってきている状況は確実にあると思います。

そういう流れの中で、本当に困っている人がいて通称でなく別姓を進めなくてはならない理由を明確にすること、それから選択的であることで、選択しない人に与えるマイナスの面はほとんど抑制されるということを客観的に示していくことが必要だと考えています。別姓が選べるからといって全員が別姓になることは考えづらいことも踏まえ、感情的にならずに、実務的な解決策として価値観とも区別して議論していく必要があると考えます。

栗田　反対派の方はものすごく感情的になっているように私には見えますが、お話ができる、話せばわかるとお感じになりますか？

鈴木　ネット上の反対派の方々の言い分は激しいものがありますが、議員同士で話をするときはお互いに色々な意見を聞いています。もちろん政治家なのでポジショントークで強めに言う方もいますが、実感として双方の差は縮まってきているように感じています。

†現行の「同姓」制度が含む欠陥

栗田　色々お話を伺っていると、あと一押しだという感じが強くなりました。その一押しをどう考えるか、皆さんに伺いたいのですが。

夫婦別姓訴訟でいうと、弁護団の方は、法理論的には負けないことが分かっている訴えなのだと話していました。また訴訟が起こされたとして、今度こそ違憲になるかどうかとても気になります。

櫻井　今の制度では壁にぶつかっているという例を具体的に出して争うことが重要だと考えま

す。離婚や再婚が近年とても増えていますが、たとえば、前婚の子どもがいる場合は大抵、子どもは父親（男性）の戸籍に入ったままです。一方でその子どもの親権は母親が持つ場合が多いですから、父親の籍に入っていても、母親の所で暮らすことになります。戸籍の表記と実際の家族のあり方が違う形が既に生まれているわけです。また、再婚する両方が子持ちの場合は、どちらかが必ず子どもと自分の姓が違う形にならざるをえなくなります。この点も、今の同姓しか認めない制度の中では、大変な不都合、欠陥なのではないかと思います。他にも今の制度ではカバーできない具体的な例を出して争う必要があると思います。

それから、外国で別姓で結婚して日本へ帰って、同様に別姓で戸籍上の届出をしようとしたところ、受理されなかったことを争った東京地裁の判決がありました（２０２１年4月21日）。原告敗訴で確定したのですが、判決では、結婚は有効だと判断しました。結婚は有効だけれども、戸籍に別姓での婚姻関係は記入できないという趣旨でした。別姓でも有効な結婚と認められていますから、もしこれが上告されていたら、最高裁としても大変悩む話になったでしょう。憲法24条の解釈そのものにも関係してくると思います。24条では双方が合意することによってのみ結婚は成立するとしており、その合意の中には姓を一つにしなくてはいけない、戸籍を届けなくてはならないというのは入らないはずです。この点は、これから法律上争う場合の一つの強い根拠になり得ると思います。

栗田　この訴訟はＮＹで別姓のまま結婚したご夫妻の訴訟ですね。次の訴訟ではこの判決も強みにできそうなわけですね。最高裁も2回出した判断を覆すのは、相当の覚悟が要ることでしょうから。

†選択の自由が保障される制度を！

栗田　鈴木さん、議連の戦略としてはいかがですか。

鈴木　繰り返しにはなりますが、プラグマティックで具体的な議論をしていくべきだと思っています。櫻井さんが挙げられたような本当に困ってしまうケース、極めて不利益が大きいケースをしっかりと確認すること。また、逆に家族という形が壊れることに不安を持つ方もいますので、選択を希望する方だけが選択した場合にどのくらい他への影響があるのかも具体的に確認しておく。加えて、例えば子どもの姓の選択をどうするか、子どもの姓はどのタイミングで選ぶのか、戸籍の筆頭者は残すのか、など、施行後に混乱を招かないために、具体的な制度のあり方についても研究を進めているところです。導入した時のプラス面とマイナス面、両方を客観的に検討して、是か非かどちらかを絶対視せずに見える形で議論していく必要があると思っています。思想ではなく、課題解決のための政策の議論をしているわけですから。それは党全体としても同じです。

栗田　総選挙後、自民党から法案が出ることも期待していいですか。

鈴木　時代の変化をしっかりと受け止めて、理解が広がるよう全力で頑張りたいと思っています。客観的なファクトに基づいて議論をして、冷静な判断ができれば進められる話だと私は確信しています。

栗田　もう30年も待っていますから、今度こそお願いします。田代さん、地方の中小企業も含めて経済界全体としてどうやって議論を高めていくことができるでしょうか。

田代　企業としてできることは、女性の数を増やすことです。長く勤めて、お客さまがたくさんいて、それなりの立場になって、会社の中でも経済界でも組織の意思決定の場にいる女性を増やすことが一番大切なことだと思っています。

栗田　経済界の力は強いですから、どうか政治にも圧力をかけていただきたいと思います。

具体化へ向けて、櫻井さん何かいかがでしょうか。

櫻井　1996（平成8）年に法務省がまとめて提案される予定だった法案が一つの形だと思います。法制審議会で、民法の親族法の専門家や弁護士たちも入って議論した結果ですから、私としてはあの形が一番いいのではないかと考えています。どれが原則か例外かというのではなく、どちらかの姓を一つ選択して名乗るか、各自婚姻前の姓を名乗るか、を並列で選択できる案です。

栗田　戸籍制度を残して、両方の姓を書いていくという。

櫻井　それが一番実現性が高いように思いますし、あの形ならば、今の制度ではほぼ欠けている女性側の自由な選択権が保障されるように思います。同一姓で夫の姓を選ぶにしても、別姓を選ぶにしても、女性自身が自己責任により自由な選択をすることができることが重要なのです。女性たちが、自分の生き方にも関連する自分の姓を、責任をもって選択する制度になれば、女性の活躍もおのずと期待できるのではないでしょうか。

栗田　自由に選べる点が何より重要ですね。田代さん、次へつなげる何かとして、いかがでしょうか。

田代　この制度ができた先には、姓だけで家族の一体感があるとかないとか、そういう価値観から脱却しなくてはいけないと思っています。家族が大切なのはもちろんですが、いろんな家族の在り方があっていい。両親揃って皆同じ名前なのがいい家族で、お母さんかお父さんしかいない家族はよくないとか、そういう価値観がなくなる社会になる必要があると思います。別姓を認めるということを乗り越えていけば、多様な価値観が認められる社会が見えてくると思います。

鈴木　今のお話は私も大賛成です。こう在るべきという先入観から、まずそれぞれの多様性を尊重することが大事だと考えます。夫婦それぞれが社会で活躍する時代になっているわけですから、今まで以上に家族の絆ももちろん大切になります。そのときに男女を問わず不利益が生じないように、両方を引き立たせることができる制度は必ず実現できると思いますので、そこに向けてしっかり努力をしていきたいと思います。

最後に、日本の社会の長所は、自由で寛容でオープンなところにあり、そういう歴史を持っている国だと思います。時代時代で変わりながらも、決して閉塞的だったり不寛容ではないのが日本社会なのだと思います。選択的夫婦別姓についても、その本質に則した制度を目指していきたいです。

栗田　皆さんの具体的なアイデア、お考えに大変触発され、勇気づけられました。日本には「二者択一」「どちらかをあきらめないのは欲張り」というような規範があって、自分で選ぶこと、どちらもありとすることを難しくしているように感じます。いただいたアイデアやお知恵を読者の皆さんがそれぞれの場で生かし、近い将来、選択的夫婦別姓が実現することを願います。これが突破口となって、いろいろな意味で「選べる社会」、しなやかで多様性ある社会が進展しますよう。本日はありがとうございました。

（座談会収録日：2021年8月31日）

エピローグ

なぜ日本では女性の活躍がこんなに進まないのか、どうしてジェンダーギャップ指数が低迷し続けているのか——長年、外から日本を見つめてきた女性ライターの私たちにとって、これらはいつも意識のどこかにくすぶってきた。「夫婦別姓」、特に、日本が法律で同姓を強制する唯一の国となってしまったことは、その象徴的な事案のように感じられる。

女性が結婚後も生まれ持った姓を用いることができる権利は、近代に入ってからも各国さまざまな背景や理由から、世界中で議論や法改正が進み、本書第I部で取り上げた各国でもランドマークになるような変化が次々と起こった。各章を読むと、各国がそれぞれの歴史・政治・文化的背景に沿って、単に「別姓」「同姓」に留まらない実に様々な姓名のあり方について議論を重ね、制度の構築や改正を現在進行形で進めていることが浮き彫りになった。どこかの現在の制度をそのまま日本に導入すれば即時解決するという単純なものではないが、最後の一国となってしまったからには、各国の経験や好例から学ばない手はない。

日本でも、80年代後半からメディアを巻き込んだ最初のうねりが起こり、96年には法務省から改正法案が出されるに至った。にもかかわらず、30年余を経過しても、具体的法案は審議されていない。この間、不都合や困難を抱える多くの当事者たちが全国各地で法廷に訴えた。しかし、最高裁での判断は、2015年に続き、今年6月も、夫婦同姓を強制する民法は憲法違反ではなく、新たな立法で解決すべきとし、夫婦別姓を巡る動きは、振り出しに戻ってしまった感がある。

でも、本当にスタートラインに押し戻されてしまったのだろうか。市民たちはこの間、手をこまねいていたわけではない。行動力ある市民団体のロビイング活動や優秀な弁護士に支えられた当事者たちの法廷闘争が、具体的な立法事実を一つ一つ整理して明らかにし、国会議員や裁判官を相手に、またメディアを通じて、丁寧に粘り強く訴え続けてきた。特にここ数年ではSNSやネットを介して、バラバラだった当事者たちと共感する各方面の人々が連帯して動いている。その成果は、最近の様々な世論調査で軒並み半数以上が選択的夫婦別姓に概ね賛成と答えていることに現れてきている。潮目は確実に変わりつつある、あと一押しだと思わせてくれる。

第Ⅱ部に登壇してくださったのは、国会、司法、ビジネスの世界で、それぞれ選択的夫婦別氏制度を推進する立場を表明している方々だ。どうすれば大きな岩が動くのか、これからにつなげる示唆をいただいた。鈴木馨祐《けいすけ》衆議院議員（選択的夫婦別氏制度を早期に実現する議員連盟・幹事長）によれば、強硬な反対派は特定の思想・価値観を持った1〜2割に過ぎず、自民党内でも緩やかな賛成派が多数となっているという。ノイジーマイノリティの感情的な反対論に、サイレントマジョリティの声が聞こえにくくなっている。当事者の困難を抱える人々の声に耳を傾け、プラグマティックに具体的法案を提出し審議していくつもりだと頼もしい発言を得た。だが、今回の座談会企画を通して、自民党内の推進議連に名を連ねていてさえも、はっきりした立ち位置を示したがらない方が少なくないことを知ったのも事実だ。櫻井龍子《さくらいりゅうこ》元最高裁判事は、こう指摘した。男女雇用機会均等法成立（1985年）以前に社会に出た男性陣の多くは、自身の周りや経験に基づいて、女性はか弱く保護してあげるべき存在で、補助的仕事止まりだという認識から抜け切れないでいると。今60代で各組織のトップにいる層の世代交代が進めば、夫婦別姓や多様性の課題解決が大きく前進するだろうと櫻井氏はみる。

均等法施行直後に大和証券に入社し、生え抜きの企業人として勤めあげてきた田代桂子氏は、大和証券グループ本社の副社長であり経済同友会の副代表幹事も務める。「選択的夫婦別姓の早期実現を求めるビジネスリーダー有志の会」の呼びかけ人でもある彼女は、「この問題が未だに解決できない日本への、世界のビジネス界からの評価は残念ながら最低レベル」と断言した。日本の企業や社会は、意思決定する立場にいる人が偏っているが、本来意思決定のためには偏ったメンバー内での「阿吽《あうん》の呼吸」など必要ないときっぱり。選択的夫婦別姓が日本の組織に風穴をあける突破口になるだろうと歯切れよく語った。

鈴木議員も、「法的な正式姓名は一つだけ」ということが国内外で重要となっている点を指摘して、通称使用の拡大は解決にならないと主張。女性にも、他の少数派の方々にも伸び伸びと活躍してもらわなければ、もう日本はもたないという危機感がトリガーになると述べた上で、推進派と反対派の距離は縮まりつつあるという。同時に、法成立を待たずとも、企業や団体などが独自に目標を設定して、意思決定場面に女性や多様な人々を登用していくことで、社会は変わりうるのではないかとも述べて、田代氏からも共感された。櫻井氏からは、今の制度で壁にぶつかっている当事者のケースや近年夫婦別姓を可能とした外国で、「家族の絆」や「子どもの幸福度」などに実際影響が出ていないことを数量データで可視化してはどうかとの具体的アドバイスを得た。また、二度の最高裁決定は素人目にはがっかりさせられていたが、実は「様々なメッセージが込められている」と期待につながるエールが送られた。

それにしても……。そろそろまともに議論して、「選択的夫婦別姓」を実現に移す時ではないか。外国が皆やっているとか、時代がそうだからではなく、現実として不都合や困難を抱えている人がいて、少数派だろうとそれは「人権」の問題なのだから。周回遅れを追い風にすれば、広く国内外から知見を結集して、今日の日本に、より適切な選択的夫婦別姓を設計することができると思う。このうねりは、結婚後の姓や女性の活躍といった枠を超えて、性的少数者、外国人就労者などを含めた広い意味での多様性に富んだ持続可能な社会を実現するための第一歩に他ならないと信じる。

本著は企画段階から、筑摩書房の喜入冬子社長、松田健ちくま新書編集長にいち早くご賛同いただき、新書編集部の伊藤笑子さんには丁寧に根気よくご対応いただいた。また、選択的夫婦別姓・全国陳情アクションの井田奈穂さんには、情報面でも人的側面でも深く広く助けていただいた。皆さんのお力なく完成することはできなかったと心より感謝申し上げたい。

選択的夫婦別姓の課題は、長い議論の蓄積を経なければとうていたどり着けなかった地平に、今まさに、到達した感がある。地平線の向こう側へ進もうとしている次世代へ、よりよいバトンを渡したいと心から願ってやまない。

2021年10月吉日

執筆者を代表して、栗田路子

（各プロフィールの肩書は原稿執筆時のものです）

年表

国内における婚姻と姓、家族と姓に関する各国の関連事項を列挙した。【法】は法令の成立を表す

年・年代	国内の主要な動き	本書で取り上げた国・地域
〈近代以前〉	明治以前は、特権階級のみ姓（氏・苗字など）を持つことができ、女性は婚姻後も生家の姓を名乗った	西洋ではローマ法・キリスト教の影響で、東アジアでは儒教的価値観から家父長制的伝統が根付く
〈近代〉		〔西洋〕 17世紀　英国をはじめ欧州から米国への移民 18世紀 ・東部13州による米国建国 ・フランス革命、姓名不変の原則 19世紀 ・〔仏〕ナポレオン民法 ・ベルギー建国 ・産業革命 ・〔英・米〕既婚女性の財産法（人権）制定へ
1868（明治元）	明治維新。文明開化のため西洋近代文化を取り入れる	
1870（明治3）	【法】平民も苗字使用可能に	
1871（明治4）	【法】戸籍法制定。戸主のもと家族同一姓に	
1875（明治8）	【法】平民の苗字使用義務化	
1876（明治9）	【法】「夫婦別氏」規定（婚姻後も女性は実家の氏を名乗る）	
1898（明治31）	【法】明治民法成立。封建的家父長制や家制度、夫婦・家族同氏規定	

		・フェミニズム第一波、女性参政権運動
〈現代〉 1948（昭和23）	【法】改正民法・改正戸籍法施行。家制度は廃止されるも、夫婦同氏（750条「夫又は妻の氏を称する」）を規定	二度の世界大戦を経て経済成長期へ 〔西洋〕・女性参政権とフェミニズム第二波
1954（昭和29）〜	法制審議会民法部会身分法小委員会にて「夫婦異姓を認むべきか」との見直し議論始まるも、保留と答申	・人権、平等、民主主義の高まり
1970年代	法律家、国会などの中で議論が高まる 【法】離婚後の姓選択可能に（結婚姓の継続使用合法化）	〔欧州〕戦後の共同体から進化して欧州連合（EU）に。欧州連合条約にて、国際連合条約の遵守、男女平等、少数者の人権、性別・性的指向などによる差別撤廃などを規定。加盟国に拘束力あり
1984（昭和59）	【法】国籍法改正：外国人配偶者の姓（カタカナ表記）に変更が可能に ・「夫婦別姓選択制をすすめる会」（榊原富士子弁護士ら）発足	〔米国〕70年代半ば、既婚女性の姓に関する州法による制約なくなる
1985（昭和60）	【国連】国連女性差別撤廃条約批准 【法】男女雇用機会均等法（翌年施行）	〔韓国〕
1986（昭和61）	初のシンポジウム「夫婦別氏を考える」（東京弁護士会）開催 多くのメディアが盛んに取り上げ始める	1948　大韓民国成立 1953　朝鮮戦争休戦 〔中国〕

1989（平成元）	【裁判】別姓婚姻届不受理について岐阜地裁に不服申し立て→却下（夫婦の一体感、第三者への夫婦証明）	1949　中華人民共和国建国 1950　婚姻法により夫婦別姓法制化 1980　婚姻法修正により子どもの姓は両親どちらの姓も可能に 〔世界・欧州〕 1975　国際婦人年制定→3月8日が国際婦人デーに 1978　欧州評議会勧告「子どもの姓は両親どちらの姓も可能に」 1979　国連女性差別撤廃条約採択 1995　国連第4回世界女性会議〈北京宣言〉 80年代〜90年代 欧米で別姓選択・多様な姓が広まる 〔仏〕多様な通称使用合法化（配偶者の姓及び出生時に継承できなかった親の姓との連結姓も）
1990年代	**全国各地で夫婦別姓を求める運動活発化、様々な推進団体、地方自治体議会、法学者らによる意見書、アピール、野党による議員立法の立案多数**	
1991（平成3）〜 1996（平成8）	法務省法制審議会民法部会身分法小委員会にて婚姻制度の見直し開始 ↓選択的夫婦別氏制度の導入を提言する答申 ↓答申を受けて、法務省から改正法案準備（1996年、2010年）するも、自民党内の反対派により国会提出されず、膠着状態となる	
1999（平成11）	【法】男女共同参画社会基本法発布・施行、男女共同参画局設立	
2000年代	**法務省や自民党内の議員から法案の国会提出が試みられたがいずれも失敗。野党超党派から法案が提出多数。自民党内の議論は停滞。国会審議に至らず**	
2003（平成15）	【国連勧告①】女性差別撤廃委員会より民法改正勧告	
2009（平成21）	【国連勧告②】女性差別撤廃委員会より選択的夫婦別氏制採用要請	

年	日本	海外
2010年代	**夫婦別姓が選択できない国は日本のみに。法律と家族の実態の乖離が進む。学術会議からの意見書、野党超党派からの法案提出、地方自治体からの意見書多数**	〔独〕法改正で夫婦別姓も可能に 〔英〕別姓夫婦増加 〔韓国〕 1987　民主化宣言 1989　家族法改正 2000年代〜 多様な婚姻形態合法化 〔ベルギー〕合法的同居（1998）、同性婚（2003） 〔仏〕PACS婚（1999）、同性婚（2013） 〔英〕シビル・パートナーシップ制度＝同性カップル（2004） →異性カップルにも（2018） 〔独〕同性パートナーシップ制度（2001）→同性婚（2017）に変更 〔米〕同性婚合法化（マサチューセッツ州、2004）→連邦最高裁が全米へ合法化判決（2015）
2011（平成23）	**【裁判】**男女5人、立法不作為による国家賠償訴訟 **（第1次夫婦別姓訴訟、東京地裁）**	
2015（平成27）	**【裁判】**第1次夫婦別姓訴訟「合憲」判断、最高裁 「第四次男女共同参画基本計画」閣議決定。「男女平等参画（憲法24条）の視点に立った各種制度等の整備」を明記	
	【法】女性活躍推進法成立	
2016（平成28）	**【国連勧告③】**女性差別撤廃委員会より選択的夫婦別氏制採用等要請	
2017（平成29）	**内閣府世論調査では、選択的夫婦別姓制度導入容認が全世代で4割超え**	
2018（平成30）	**【裁判】**相次ぐ夫婦別姓関連提訴 ・日本人同士の夫婦で別氏を選択できないことは憲法違反として国賠訴訟→棄却 ・4組の夫婦による別姓の婚姻届け受理を求める家裁申し立て（東京・広島など）→棄却 ・男女7人、東京と広島の地裁に国賠請求訴訟（第二	

	次夫婦別姓訴訟） ・NY州法に基づいて婚姻した日本人夫婦が婚姻関係確認を求めて東京地裁に提訴→請求は棄却するも原告夫婦の婚姻関係を有効と判決（2021） ・再婚・連れ子の弁護士夫婦が別姓を求めて東京地裁に提訴→棄却	〔韓国〕 2005　戸主制度廃止決定 2008　戸籍に代わる個人登録制度開始
2020年代〜	地方議会から国へ、選択的夫婦別姓を推進する意見書は200件以上可決。日本女性法律家協会、法学者有志、日本組織内弁護士協会、日弁連をはじめ法曹界からも法改正提言・決議・声明が50件以上発出	
2020（令和2）	朝日新聞社による世論調査では選択的夫婦別姓賛成が全世代で69% 「第五次男女共同参画基本計画」閣議決定。「選択的夫婦別氏制度」の文言削除	
2021（令和3）	【裁判】・同性婚訴訟「違憲」判断、札幌地裁 ・第2次夫婦別姓訴訟「合憲」判断、最高裁 自民党内推進派議員による「選択的夫婦別氏制度を早期に実現する議員連盟」発足。自民党内反対派議員による「婚姻前の氏の通称使用拡大・周知を促進する議員連盟」発足	

参考文献

【第1章　英国】（ウェブサイトは、すべて2021年10月3日最終閲覧）
オースティン, ジェイン著（1811). 中野康司訳（2007）『分別と多感』ちくま文庫
中村敏子（2021）『女性差別はどう作られてきたか』集英社新書
Ablow, Rachel (2012). 'One Flesh,' One Person, and the 1870 Married Women's Property Act, article on Branch.
https://www.branchcollective.org/?ps_articles=rachel-ablow-one-flesh-one-person-and-the-1870-married-womens-property-act
Blackstone, Sir William (1765-1769). *Commentaries on the Laws of England*. Clarendon Press. The First Book: Chapter fifteenth.
Crawford, Elizabeth (2000). *The Women's Suffrage Movement: A Reference Guide 1866-1928*. Routledge.
Karant-Nunn, Susan C./Wiesner-Hanks, Merry E. (2003). *Luther on Women: A Sourcebook.*/Cambridge University Press.
Smith, Matthew (2016). Taking a new husband's surname is still popular with younger women.
https://yougov.co.uk/topics/lifestyle/articles-reports/2016/09/13/six-ten-women-would-like-take-their-spouses-
Stretton, Tim/Kesselring, Krista J. (2013). *Married Women and the Law: Coverture in England and the Common Law World*. McGill-Queen's University Press.
Tait, Allison Anna. The Beginning of the End of Coverture: A Reappraisal of the Married Woman's Separate Estate (2014). *Yale Journal of Law and Feminism*. Vol. 26:2, pp. 166-215. Yale Law School.
The UK Government. Change your name by deed poll.
https://www.gov.uk/change-name-deed-poll/make-an-adult-deed-poll
Thorpe, Vanessa (2021). What's in a surname? The female artists lost to history because they got married.
https://www.theguardian.com/artanddesign/2021/feb/13/whats-in-a-surname-the-female-artists-lost-to-history-because-they-got-married
The Guardian
Wollstonecraft, Mary (1792, 1994). *A Vindication of the Rights of Woman*. Penguin.
Wormald, Jenny (1991). *Court, Kirk and Community: Scotland, 1470-1625*. Edinburgh University Press.

【第2章　フランス】（ウェブサイトは、すべて2021年10月1日最終閲覧）
大村敦志（2021）「続・ふらんすは法の国」『ふらんす』2021年4月号. 白水社
柴田三千雄（2006）『フランス史10講』岩波新書
プラド夏樹（2018）『フランス人の性』光文社新書
Adler, Laure (1979) *À l'aube du féminisme: les premières journalistes*

(1830-1850), Payot.
Ariès, Philippe/Duby, Georges (1985). *Histoire de la vie privée* I. *De l'Empire romain à l'an mil.* Seuil.
Aristote (1961). *De la génération des animaux*, Les Belles Lettres.
Bertin, Tom (2021). Un collectif demande l'automatisation du double nom de famille à la naissance. *Le Monde*, https://www.lemonde.fr/societe/article/2021/05/31/un-collectif-demande-l-automatisation-du-double-nom-de-famille-a-la-naissance_6082257_3224.html
Boehringer, Sandra/Grand-Clément, Adeline/Péré-Noguès, Sandra/Sebillotte Cuchet, Violaine (2015). Celles qui avaient un nom. Eurykléia ou comment rendre les femmes visibles. *PALLAS* 99, pp. 11-19.
Courduriés, Jérôme (2017). Nommer son enfant lorsqu'on est deux parents de même sexe. *Clio*. pp. 151-169
Descoutures, Virginie (2015). Le nom des femmes et sa transmission, *Mouvements* 2015/2 No. 82, pp. 43-48.
Didier, Béatrice (1989). *Écrire la Révolution (1789-1799)*, PUF.
Duby, Georges/Perrot, Michelle (2002). *Histoire des femmes en Occident* II. *Le Moyen Âge*. Perrin.
Gargam, Adeline/Lancon, Bertrand (2020). *Histoire de la misogynie.* Arkhé.
Halpérin, Jean-Louis (2002). Le droit privé de la Révolution: héritage législatif et héritage idéologique. *Révolution francaise*. Avril -Juin 2002, pp. 135-151.
Hennequin, Lucie (2021). Instaurer le double nom de famille à la naissance, le combat du collectif "Porte mon nom", *Huffingtonpost.* https://www.huffingtonpost.fr/entry/imposer-le-double-nom-de-famille-a-la-naissance-le-combat-du-collectif-porte-mon-nom_fr_608abcb1e4b0b9042d8f777f
La fécondité est stable depuis 40 ans en France. http://www.observationsociete.fr/population/donneesgeneralespopulation/evolution-de-la-fecondite.html
Les Français et la famille (2010). http://www.bva-group.com/wp-content/uploads/2017/02/fichier_tp365-_20_minutes_-_famillee2818.pdf
Mariages-PACS-Divorces (2019). https://www.insee.fr/fr/statistiques/4277624?sommaire=4318291#consulter
Mergnac, Marie-Odile (2007). *Les femmes au quotidien de 1750 à nos jours.* Archives & culture.
Perrot, Michelle (2014). *Des femmes rebelles.* Elyzad.
Rault, Wilfried (2017). Garder l'usage de son nom et le transmettre. Pratiques de la loi française de 2002 sur le double nom. *Clio*. 45/2017. 129-149
Rochefort, Florence (2017). Politiques féministes du nom, Le nom des

femmes, *Clio*. 45/2017. pp. 107-127.
https://www.cairn.info/revue-clio-femmes-genre-histoire-2017-1-page-107.htm?contenu=resume
Saint Augustin. traduit par Jean Hamon (2001). Le bonheur conjugal. Payot.
Théry, Irène (2018). «La loi sur le mariage pour tous a été un facteur extrêmement puissant d'intégration», *Le Monde*.
https://www.lemonde.fr/societe/article/2018/04/23/la-loi-sur-le-mariage-pour-tous-a-ete-un-facteur-extremement-puissant-d-integration_5289153_3224.html
Valetas, Marie-France (2001). Le nom des femmes mariées dans l'Union européenne, Population et Sociétés. No. 367, INED.
https://www.ined.fr/fr/publications/editions/population-et-societes/le-nom-des-femmes-mariees-dans-l-union-europeenne/
Vallet, Françoise (1995). *Les Mérovingiens, De Clovis à Dagobert*, Gallimard.
Valois, Paule (2005). Transmission du nom du famille : Au nom de la mère, *Historia*.
Valot, Martine (2020). La France reste en tête des taux de fécondité en Europe, *Le Monde*.
https://www.lemonde.fr/societe/article/2020/03/11/les-taux-de-fecondite-remontent-en-europe-de-l-est_6032547_3224.html
Verdon, Jean (2008). *Être chrétien au Moyen Âge*. Perrin,

【第３章　ドイツ】（ウェブサイトは、すべて2021年９月30日最終閲覧）
Bundesministerium der Justiz und für Verbraucherschutz. Bürgerliches Gesetzbuch (BGB) §1355 Ehename. https://www.gesetze-im-internet.de/bgb/__1355.html
Bundesministerium für Familie, Senioren, Frauen und Jugend. Quote für mehr Frauen in Führungspositionen:Privatwirtschaft.
https://www.bmfsfj.de/bmfsfj/themen/gleichstellung/frauen-und-arbeitswelt/quote-privatwitschaft/quote-fuer-mehr-frauen-in-fuehrungspositionen-privatwirtschaft-78562
Focus. Witwenrenten muss nicht gezahlt werden bei Ehe nach 65. Lebensjahr.
https://www.focus.de/finanzen/altersvorsorge/rente/die-16-besten-urteile-fuer-die-rente-witwen-witwerrenten-muss-nicht-gezahlt-werden-bei-ehe-nach-65-lebensjahr_id_11515232.html
Gesellschaft für deutsche Sprache. Familiennamen bei der Heirat und Vornamenprognose 2018. https://gfds.de/familiennamen-bei-der-heirat-und-vornamenprognose-2018/
Inter-Parliamentary Union. Monthly ranking of women in national parliaments.
https://data.ipu.org/women-ranking?month=1&year=2021

Rita Süssmuth. Prof. Dr. Dr. h. c. mult. Rita Süssmuth.
https://www.rita-suessmuth.de/biografie/
Statista. Statistiken zum Thema Scheidung.
https://de.statista.com/themen/134/scheidung/
Statista. Frauenanteil in ausgewählten nationalen Parlamenten（1. Kammer）2021. https://de.statista.com/statistik/daten/studie/151106/umfrage/frauenanteil-in-ausgewaehlten-nationalen-parlamenten/
Verlag Dashöfer GmbH. Das Leben als Ehepaar-Die Bestimmung des Ehenamens.
https://www.dasgleichstellungswissen.de/das-leben-als-ehepaar-die-bestimmung-des-ehenamens.html
WDR. 1. Februar 1975-Neues Namensrecht bei Eheschließung.
https://www1.wdr.de/stichtag/stichtag-neues-namensrecht-ehe-100.html

【第４章　ベルギー】（ウェブサイトは、すべて2021年９月30日最終閲覧）

ベルギー外務省ホームページ
https://diplomatie.belgium.be/en/services/services_abroad/registry/giving_a_name
https://diplomatie.belgium.be/en/services/services_abroad/notary_expertise/marriage_contracts_and_prenuptial_agreements
ベルギー統計局ホームページ
https://statbel.fgov.be/en/themes/population/partnership/declarations-legal-cohabitation#documents
ベルギー法務省ホームページ
http://www.ejustice.just.fgov.be/cgi_loi/change_lg.pl?language=fr&la=F&table_name=loi&cn=1998112335#:~:text=Dans%20le%20livre%20III%20du,%C3%A0%201479%2C%20libell%C3%A9s%20comme%20suit%20%3A&text=1%C2%B0%20ne%20pas%20%C3%AAtre,%22%20Art.
https://www.belgium.be/en/family/statutory_cohabitation
ベルギー公証人協会ホームページ
https://www.notaire.be/famille/le-mariage/le-regime-de-la-separation-de-biens
ベルギー連邦政府情報サービス局ホームページ
https://www.belgium.be/fr/famille/couple/mariage/le_contrat_de_mariage
Knack, Dubbele familienaam komt niet van de grond.（2021）
https://www.knack.be/nieuws/belgie/dubbele-familienaam-komt-niet-van-de-grond/article-news-1723165.html?fbclid=IwAR3LlktVZ3AdukzvlU2n9k%E2%80%A6&cookie_check=1629713840
The Law Office of Geremy D. Morley International Family Law.
https://www.international-divorce.com/prenuptial-agreements-around-the-world-2

Thomson Reuters Practical Law website.
https://uk.practicallaw.thomsonreuters.com/w-028-9004?transitionType=Default&contextData=（sc. Default）
Transgender Europe（TGEU）website.
https://tgeu.org/belgium-legal-gender-recognition-law-2017/

【第５章　米国】（ウェブサイトは、すべて2021年10月５日最終閲覧）
Allgor, Catherine. September 4, 2012. "Coverture : The Word You Probably Don't Know But Should." *National Women's History Museum*, https://www.womenshistory.org/articles/coverture-word-you-probably-dont-know-should
Bodgas, Meredith. February 7, 2017. "Half of American Adults Think It Should Be Illegal for Married Women to Keep Their Last Names", *Working Mother*.
https://www.workingmother.com/half-american-adults-think-it-should-be-illegal-for-married-women-to-keep-their-last-names
Dunn v. Palermo, 522 S. W. 2d 679（Tenn. 1975）.
https://www.law.justia.com/cases/tennessee/supreme-court/1975/522-s-w-2d-679-2.html
Goldin, Claudia and Shim, Maria. 2004. "Making a Name: Women's Surnames at Marriage and Beyond", *Journal of Economic Perspectives*. Volume 18, Number 2 Spring, Page 143-160. https://scholar.harvard.edu/files/goldin/files/making_a_name_womens_surnames_at_marriage_and_beyond.pdf
Hamilton, Laura/Geist, Claudia/Powell, Brian. March 31, 2011 "Marital Name Changes as a Window into Gender Attitudes" *Gender & Society*. https://journals.sagepub.com/doi/pdf/10.1177/0891243211398653
Howe, LeAnne. June 2005 "Betsy Love and the Mississippi Married Women's Property Act of 1839", *Mississippi History Now*. https://www.mshistorynow.mdah.ms.gov/issue/betsy-love-and-the-mississippi-married-womens-property-act-of-1839
Kitchener, Caroline. July 25, 2018 "Why Don't More Men Take Their Wives' Last Names?" *The Atlantic*. https://www.theatlantic.com/family/archive/2018/07/why-dont-more-men-take-their-wives-last-names/565898/
McClintock, Elizabeth Aura Ph. D. Sep 06 2018 "Should Marriage Still Involve Changing a Women's Name?" *Psychology Today*. https://www.psychologytoday.com/us/blog/it-s-man-s-and-woman-s-world/201809/should-marriage-still-involve-changing-womans-name
Michals, Debra. 2015. "Abigail Adams", *National Women's History Museum*.
https://www.womenshistory.org/education-resources/biographies/abigail-smith-adams
Michals, Debra. 2017. "Lucy Stone", *National Women's History Museum*.
https://www.womenshistory.org/education-resources/biographies/

lucy-stone
Moore, Peter. October 20, 2014 "Women don't need to take their husbands' last name", *YouGovAmerica*. https://today.yougov.com/topics/lifestyle/articles-reports/2014/10/20/last-names
Reid, Stephanie. "The History Behind Maiden VS. Married Names", *Seattle Bride*, https://seattlebridemag.com/expert-wedding-advice/history-behind-maiden-vs-married-names
Robnett, R. D./Wertheimer, M./Tenebaum, H. R. (2017). "Does a Woman's Marital Surname Choice Influence Perceptions of Her Husband? An Analysis Focusing on Gender-Typed Traits and Relationship Power Dynamics", *Sex Roles*, 79 (2018), 59-71. https://dx.doi.org/10.1007/s11199-017-0856-6
Shafer, Emily Fitzgibbons. January 25, 2017 "The Hillary Rodham/Clinton dilemma: To change a last name or not?" *Phys.org*. https://phys.org/news/2017-01-hillary-rodhamclinton-dilemma.html
Wagner, Sally Roesch. "How Native American Women Inspired the Women's Rights Movement", *U.S. National Park Service*. December 14, 2020. https://www.nps.gov/articles/000/how-native-american-women-inspired-the-women-s-rights-movement.htm
Waxman, Olivia B. March 7, 2019. " 'Lucy Stone, If You Please': The Unsung Suffragist Who Fought for Women to Keep Their Maiden Names", *TIME MAGAZINE*. https://time.com/5537834/lucy-stone-maiden-names-womens-history/

【第６章　中国】（ウェブサイトは、すべて2021年９月30日最終閲覧）

井戸田博史、増本敏子、久武綾子（1999）「戦前の『家』制度と夫婦の氏」『氏と家族』大蔵省印刷局．pp. 82−98.
井戸田博史（2004）『夫婦の氏を考える』世界思想社
梶谷懐（2018）『中国経済講義』中公新書
黄浄愉（2013）「日台家族法における姓の意義をめぐって」北海道大学博士論文
頼王芬（2018）「『姓』の継承、相続に関する社会言語学的研究」（台湾）東呉大学日本語文学部博士論文
陈璐（Chen Lu）（2021）『奇妙的蛋生』https://movie.douban.com/subject/35440023/
費孝通（Fei Xiaotong）（1947）『生育制度』中信出版社
光明日报（Guangming Daily）（2021）　公安部发布2020年全国姓名报告随母姓与随父姓的比例为 1:12. https://m.gmw.cn/bajia/2021-02/08/1302100159.html
胡润百富（Hurun Report）（2019）中国拥有全球三分之二最成功女企业家！《2021胡润全球白手起家女富豪榜》重磅发布．https://baijiahao.baidu.com/s?id=1700176334867121951&wfr=spider&for=pc
计迎春（Ji Yingchun）（2019）现代中国家庭关系如马赛克般杂糅.
https://baijiahao.baidu.com/s?id=1649868797849710938&wfr=spider&f

or=pc
孙山・Sun Shan 中国青年报 · 中青在线记者（2017）. 54.7% 受访者能接受孩子随母姓. http://zqb.cyol.com/html/2017-10/17/nw.D110000zgqnb_20171017_4-11.htm

【第７章　韓国】

申琪榮（2006）「フェミニスト視点から分析した韓国戸主制度廃止運動」『国際女性』No. 20. 国際女性の地位協会
チョ・ナムジュ著．斎藤真理子訳（2018）『82年生まれ、キム・ジヨン』筑摩書房
堀山明子（1992）「韓国家族法改正運動小史　『日帝』残滓としての戸主制度廃止論を中心に」『国際関係学研究』No.18. 津田塾大学
水野直樹（2008）『創氏改名　日本の朝鮮支配の中で』岩波新書
文慶喆（2020）「韓国人の姓氏と多文化社会」『紀要』19 巻 . 東北文化学園大学総合政策学部

【全体を通して】（ウェブサイトは、すべて2021年10月６日最終閲覧）

上野千鶴子（1989）「夫婦別姓の罠」『近代家族の成立と終焉　新版』岩波現代文庫（2020）, pp. 386-397.
尾脇秀和（2021）『氏名の誕生』ちくま新書
小島妙子、伊達聡子、水谷英夫（2015）『現代家族の法と実務』日本加除出版
阪井裕一郎（2021）『事実婚と夫婦別姓の社会学』白澤社
有馬めぐむ（2021年５月８日）. ウェブ論座「婚姻時の改姓を禁じた法改正で夫婦別姓に大転換　ギリシャ」
https://webronza.asahi.com/national/articles/2021041600006.html
猪谷千香（2018年３月24日）. 弁護士ドットコム「選択的夫婦別姓の『40年戦争』、法制審答申から20年放置の政治に司法から挑み続ける」 https://www.bengo4.com/c_23/n_7611/
生田綾（2021年６月23日）. ハフポスト「夫婦同姓の強制は『不当な国家介入』。違憲判断の宮崎裕子、宇賀克也裁判官はどんな意見だったのか」 https://www.huffingtonpost.jp/entry/story_jp_60d2dfdee4b0b6b5a15fca1c
荻上チキ、南部広美、木村草太、寺原真希子（2021年６月23日）. TBS ラジオ　荻上チキ Session.「夫婦別姓に２度目の合憲判断　最高裁が再び『合憲』判断示す」 https://www.tbsradio.jp/archives/?id=p-599691
Choose Life Project（2021年12月16日）.「選択肢が増える、それだけです。選択的夫婦別姓」 https://cl-p.jp/2020/12/16/bessei201216/
法務省ホームページ、選択的夫婦別氏制度（いわゆる選択的夫婦別姓制度）について　http://www.moj.go.jp/MINJI/minji36.html

各国の制度一覧表

（日本／本書に取り上げた7カ国／その他特徴的な4カ国）

国名	婚姻と姓	子どもの姓
日本	「夫婦は、婚姻の際に定めるところに従い、夫又は妻の氏を称する」(民法750条)にて夫婦同姓。国際結婚は原則別姓。	同戸籍同姓の原則により、子の姓は戸籍筆頭者の姓となる。母親が離婚・再婚で戸籍から出たり、改姓をしても、子どもは戸籍の筆頭者の姓のまま。
英国	伝統的には妻が夫の姓を名乗ることが多かったが、正式には姓名に関する法律の規定はなく、自由に変更できる。夫婦では別姓または同姓（連結姓、合成姓、創作姓など）も可。	子の姓にも規定はなく、家族同姓、どちらかの親の姓、親と異なる姓など自由。18歳からは、本人の意思で親につけられた姓名を変更可。
フランス	「姓名不変法」から出生姓が本姓。夫婦ともに、配偶者の姓をつなげた連結姓、継承できなかった親の姓をつなげた連結姓、相手の出生姓を、通称として「合法的に」使うことができる。	父の姓のみだったが、近年、父母のどちらかの姓、両方の併記姓から選択可に（出生届時点）。順番に合意できない場合はABC順、同じ両親の複数子の場合は第一子で決めた姓に。
ドイツ	長らく夫の姓を「家族の姓」とする同姓のみだったが、一方が出生姓に「家族の姓」をつなぐ連結姓、妻の姓での同姓、そして夫婦別姓が可能に。	子どもの出生届時点で父母どちらの姓を与えるかを決める。連結姓などは不可。 同じ両親の複数子の場合は、第一子で決めた姓に。
ベルギー	結婚は個人の姓名に影響しない。正式な姓名は出生証明記載のもの。長らく非公式には妻が夫の姓を名乗ることは多かった。	父の姓のみだったが、父母のどちらかの姓、併記姓から選択可（出生届時点）。順番に合意できない場合はABC順、同じ両親の複数子の場合は第一子で決めた姓に。
米国	どちらかの姓による同姓、各自の出生姓を維持する別姓、連結姓、合成姓、創作姓など自由。姓名の変更手続きは州により異なる。妻が夫の姓を名乗ることが多い。	父の姓、母の姓、父母の姓の連結姓、創作姓など自由。両親が合意できない場合は裁判所を通して協議。子が14歳以上だと子の同意も必要。

中国	夫婦別姓。結婚しても姓名は変わらない。 かつて台湾・香港では、妻が自らの姓の前に夫の姓を付け加える「冠姓」も。	父か母の姓から選択。一人っ子政策の影響で、「父の姓＋母の姓」をつける事例も。同じ両親の複数子に統一は求めない。台湾では、父か母の姓から選ぶが、合意できない場合は公的なくじ引き。
韓国	「姓不変の原則」により、伝統的に夫婦別姓。 かつて、同姓同本禁婚の規定、戸主制度等があったが廃止に。	「子は父の姓と本貫に従う」（民法第781条）が原則だったが、「健康家庭基本計画（2021〜25年）」により新制度へ移行予定。
スペイン	結婚は夫婦の姓に影響しない。各人は原則として二つの姓（父親の第一姓と母親の第一姓の併記）を持つ。	法改正により、各親から一つずつの姓を与える併記姓に。二つ持つ姓のどちらをどの順番にするかは第一子の届出時に決め、同じ両親の複数子は同じ姓に。
ギリシャ	婚姻時の改姓が禁止に。その後、夫または妻が、出生姓の後に配偶者の姓を併記することも可能に。＊注	かつては父の姓のみ。現在は、父か母の姓から選択。
アイスランド	「姓」というものはなく、「姓を構成するルール」だけがある（右欄参照）。したがって婚姻は影響しようがない。	父か母の名に、あるいは両方の名を併記したものに、「の息子」の意を表す -son、あるいは「の娘」の意を表す -dóttir を付けたものを姓として用いる。（かつては父の名を基にした）
スウェーデン	別姓も同姓（夫か妻の姓、併記姓）も可能。結婚途中での変更も可。	父か母の姓、父と母の姓併記、または父か母の名に -son（息子）または -dotter（娘）を付加した姓から選択可。同じ両親の複数子の場合は第一子で決めた姓に。

＊注：ウェブ論座「婚姻時の改姓を禁じた法改正で夫婦別姓に大転換　ギリシャ」（有馬めぐむ）より

ちくま新書
1613

夫婦別姓《ふうふべっせい》
——家族《かぞく》と多様性《たようせい》の各国事情《かっこくじじょう》

二〇二一年一一月一〇日　第一刷発行

著　者　栗田路子（くりた・みちこ）／冨久岡ナヲ（ふくおか・なを）／プラド夏樹（プラド・なつき）／田口理穂（たぐち・りほ）／片瀬ケイ（かたせ・けい）／斎藤淳子（さいとう・じゅんこ）／伊東順子（いとう・じゅんこ）

発行者　喜入冬子

発行所　株式会社 筑摩書房
東京都台東区蔵前二-五-三　郵便番号一一一-八七五五
電話番号〇三-五六八七-二六〇一（代表）

装幀者　間村俊一

印刷・製本　三松堂印刷 株式会社

ISBN978-4-480-07440-9 C0236